Naoko Fukazawa

フカザワナオコ

ハワイ最高レッツゴー!

Hawaii is Wonderful, Let's go!

イースト・プレス

プロローグ

はじめましての方も
そうでない方も
こんにちは!
フカザワナオコ
43歳 漫画家です
自分の独身生活を漫画に
したりしてましたが
毎日がおひとりさまー
何年も友達だった人と
42歳の時に結婚
ち…
ちっす…!!
ドキ
ドキ
夫のハッチーです
3歳年下の
サラリーマンです
友達時代の
呼び名のままです
結婚にいたるあれこれは
『アラフォーおひとりさま、結婚しました。』
見てください☆
KADOKAWA
気がついたら
おふたりさま生活も
29
30
31
1年ちょい
たちまして…

し…新婚旅行のハワイ貯金…
30万超えた〜〜〜
おおー
どーん
祝
目標額達成!!
やったーー
パフパフ
お金も無いし休みも無いしで新婚旅行に行けてなかった私たち
目の前のことでいっぱいいっぱい!!
ガシャン
ガシャン
新婚旅行でハワイ行くの目標に 毎月こつこつ貯金してたんだよね〜
しみじみ…
ってかハワイだよハワイ!
とうとうハワイに行けるんだよー!!
落ち着いて
フガーーッ
私は二十歳の頃からハワイが大好きで
初海外がハワイでハマり…
外国だ!
すごーーい!!
この20年で
通算10回!!
おかげで貯金無しの独身時代だった…
「趣味はハワイ」といってもおかしくない20代30代でした

ハワイは暖かくてすごしやすいのはもちろんだけど
適度に都会で適度に田舎で
そのバランスもまたよくて…
ただ街をブラブラ～
自然を見たり
スパムむすび
うめー!!
食べたり…
海のアクティビティとかブランド物のショッピングとかそんな興味無い私でも
特別なことしなくてもなんだか楽しいとこなんだよね～
ハワイのいいとこはもう何度も聞いたよ～

ようやく2人で行けるのがうれしいんだよ～!!
オレ ハワイ初めてだし楽しみだな～
ハワイリピーターの私とハワイビギナーの夫…
ハワイ最高だね!!
ハワイ楽しいな!!
って思える旅にしたい…☆
あ～ホテルどこにしよ～
んー
いつ行くー？いつ休めるー？
わー
あねぇねぇ
パスポートってどうやって取るの？
え
え
え
あ
？
そういえばそうだった…
ハッチーハワイがどうとかよりも…
39年間日本から出たことがない海外チェリーだったわ…!!

とにかく車が大好きで車にお金をかけた20代30代をすごした夫
旅？なにそれ〜外国？知らな〜い
お金のかけどころが違うだけで似たもの夫婦ってことか…
パスポート取るのに必要な書類ってなんだっけかなー？
ナオちゃん10年パスポートだっけ
そうそう私10年パスポー…
ハッ
やばっ…
入籍後…
数々の氏名変更手続きに疲れ果て…
電気 テ NTT 銀行
プロバイダー 免許
ガス etc…
パスポートはすぐ使わないからまだいいや…
パスポートの氏名変更手続きまだだったわ…
そうだったの!?
ああ〜〜気持ちだけはもうハワイなのに〜〜
まあまあ
アラフォー夫婦の新婚旅行は
新規だと1万6千円変更で6千円かかるって!!
変更だけでもそんなに!?
「パスポート 取り方」でググるとこから始まる…

Hawaii is Wonderful, Let's go!

Contents

プロローグ
002

第1章
旅準備 行くぞ! でも思わぬ不安要素が…?
009

第2章
ようやく出発 機内もドキドキわくわくの連続!
017

第3章
ハワイ1日目 ハッチー、いきなりハワイにハマる!
027

第4章
ハワイ2日目 ダイヤモンドヘッドと射撃体験!
049

第5章
ハワイ3日目 ラウハラ編みと天国ビーチ!
075

第6章
ハワイ4日目 シャングリラ邸とハードロックカフェ!
101

第7章
帰国日 気分はもう次のハワイへ――
127

エピローグ
139

HAWAII MAP
主に8つの島から成る
ハワイ州
カウアイ島
ワイメア渓谷
オアフ島
ワイキキビーチ
モロカイ島
マウイ島
ハレアカラ山
ラナイ島
ハワイ島
キラウエア火山
最も"ザ・観光地"として人気なのはオアフ島！州都のホノルルがあり、街と自然をバランスよく楽しめます♪
今回私達はオアフを旅します〜

ハワイ豆知識
年間の平均気温は25〜29℃と、とてもすごしやすくて…
公用語は英語とハワイ語
11月〜3月は雨季で雨多いけどだいたいスコールで…
もうそれぐらいでいーんじゃない？
時差はマイナス19時間〜
日本から飛行機で約7時間で…
レートは私達が行った2016年秋は$1＝105円って感じで…

第1章

— Chapter 1 —

旅準備 行くぞ!

でも思わぬ不安要素が…?

遅ればせながら新婚旅行が決まった私たち
待ってろハワイ!!
ようやくパスポートもできてきました
すげ～
休みの目処《めど》もつけたしさ
次のミッションだよ!!
名古屋発 13.7万円～
5日間 14万～
ハワイツアー
ハワイ 6日間 00万円～ ○×ツアー
SALE ハワイ 5日間 00万～
星の数ほどあるツアーから自分の希望に一番合うものを見つけよ…!!
ほう…!!
個人手配で行く人も多いけどやっぱここはツアーで!
基本のセット
ホテル
飛行機
パッケージツアー
手配おまかせ
なるほど便利そう～

ざくっと検索してもいっぱい出てくるよ〜
www.……
1,743件のツアーがヒットしました
名古屋発 5日間
12,40…
どれがいいと思う？
ん〜〜〜
海外旅行はナオちゃんが詳しいから全部おまかせだよ!!
よろしく!!
フッ…
逃げたな…
ってことで
晩酌しつつチェック〜
仕事しなきゃなのにツアー調べちゃう〜
パンフもどっさり〜
ハワイ
ハワイ
ハワイ
どこのツアー会社にしぼるかな〜
じゅうう〜
探しに探して1週間後…
飛行機はJAL
直行便〜♪
ホテルはワイキキのど真ん中
◎定番ステイでらくらく♪◎
名古屋発6日間 157,000円
ホテル
アクア・オアシス・
航空会社
日本航空（JAL）
4泊6日で1人15万ちょい
これいーんじゃない!?

トロリー券も朝食もついてるし
ハワイを巡回してるトロリー♪
ホテルの朝食〜
早速問い合わせ〜
が…
ご希望の日程はJALがもういっぱいで…
直行便だとデルタ航空がまだ空きがあります
え〜!? デルタ乗ったことないよ———!
日本の飛行機はサービスも細やかだし日本語も通じるし…
何かお困りですか?
安心感 ハンパないんだけどな〜
アメリカの航空会社はCAさんも外国人の方が多いだろうし…
ペラ ペラ
ペラ ペラ
大丈夫か私たち…?
念のためネットで口コミを見てみると
外国の会社なのでサービスは期待しないほうが…
イスがすごく疲れます
冷房がキツいので厚着必須
機内食は正直あんまり…
こういう時に限ってマイナスな感想ばかり見つけちゃうのはナゼ〜!?

ずっしり…
マイナスな感想たち…
快適に空の旅できるのって大事だよね…
いっそ出発日ズラして…
いやいや休みは変えられないし…
夜勤明けで爆睡中
スッ
すぴ〜〜
JALがもういっぱいでさ…
デルタしかないんだって…
んあ?
えっ!?
ゆっさ
ゆっさ
かくかくしかじかで〜
あ〜〜〜ハワイのツアーの話ね
のび〜〜
ん〜〜〜オレそもそも海外行ったことないし
JALとデルタがどう違うのかもわかんないけど…

飛行機は飛行機でしょ
ふぁ
どっちに乗ってもハワイには着くんだよね？
だったら別にどっちでもいいんじゃない？
た…確かに…!!
そうだそうだよ
あながちハワイ経験あるもんだから
ゴォォ
つい飛行機の快適さを求めすぎちゃってたけど
本質的なことすっかり忘れてたな…

イスでお尻 痛かろうが
冷房効きすぎだろうが
なんとかなるような
気がしてきたぞ
そういえばさ…
初めてハワイ
行った時なんだけど
まだ20歳でお金も
無かったから 一番安い
ツアーで行ったのね
うんうん
直行便じゃなく
韓国で乗り換えるって
やつだったから
ここが韓国か―
友人
Transfer 환승
韓国の空港で
何時間もハワイ行きの
飛行機を待ってたの
でもその時間も楽しくて
탑승수속 check-In
私
海外旅行
してるんだなぁ
って妙にワクワク
してたんだよね～
いいね――
旅の思い出～
ハワイ
HAWAII

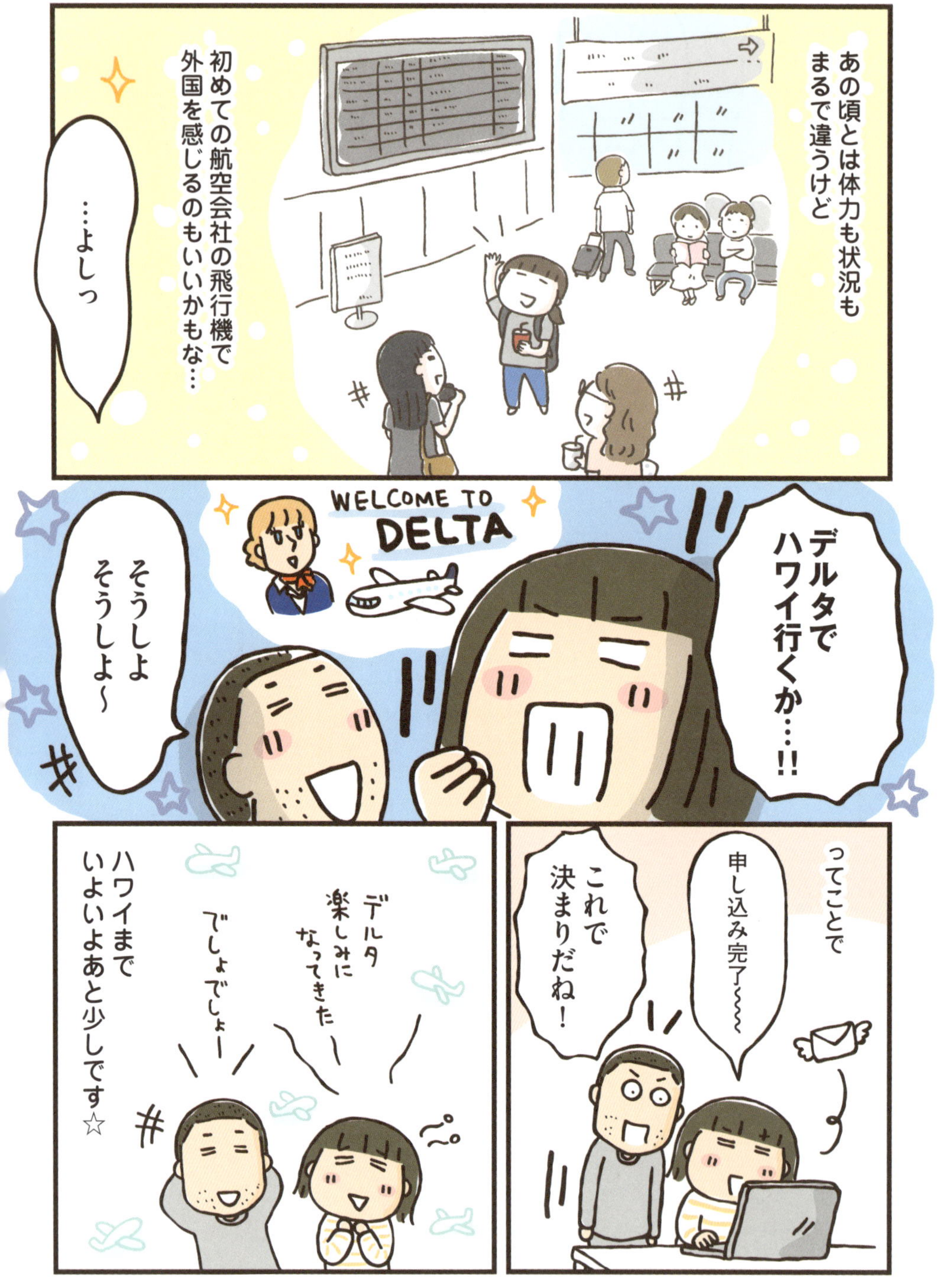
あの頃とは体力も状況も
まるで違うけど
初めての航空会社の飛行機で
外国を感じるのもいいかもな…
…よしっ
デルタで
ハワイ行くか…!!
WELCOME TO
DELTA
そうしよ
そうしよ～
ってことで
申し込み完了～～～
これで
決まりだね！
デルタ
楽しみに
なってきた
でしょでしょー
ハワイまで
いよいよあと少しです☆

第2章

Chapter 2

ようやく出発

機内もドキドキわくわくの連続！

あとは旅に向けて段取る日々となりました
ただいまー
会社に休みの申請出したよ~
おお!
私も旅プラン立てないとなー
あーおなかすいたー
ハッチーは初めてのハワイだからベタな観光もあえて入れて…
ダイヤモンドヘッド
カメハメハ~
前から気になってたオプショナルツアー申し込んで…
海も入るだろうし水着もいるな~
もちろん海外旅行保険も申し込んで
ESTAの申請もしなきゃでしょー
ドルは前回の残りが少しあるから両替は向こうでするとして~
盛り上がってるな…
ごはんまだ…?
そして
いよいよ旅前日

荷物まとめ完了！
ナオちゃんは？
どよーーーん
う…ん…
あれ？どうしたの？
旅目前のプレッシャーでさ…
はー
めまい
ふらつき
倦怠感
更年期みたいになっちゃった♪
こ……！
子供の頃から遠足の前日に熱出すタイプだった私も43歳
ホルモンバランスの乱れ
ぬはーっ
43
わわわ！大丈夫ー？
不調もアラフォー仕様になってきたようです
せつない…

病気も怪我もなく、旅楽しめるかな――
留守中ドロボーとか入んないかな～
こういう時に限って実家になんかあったら…
休み中にSNSとか乗っとられたらどうしよ――
とにかく全部が不安だよおおお
すっかり情緒不安定になっちゃってもう～
大丈夫 大丈夫
なんとかなるって!!
オレなんて見て! このノープレッシャー感!!
ぱあぁ～
どっちが初海外かわかんないね…
もしこれで2人ともプレッシャーに弱いタイプだったら…
目も当てられなかったな…
ナオちゃんは心配症だな～
アハハ――
夫がマイペースな人でよかったとつくづく思う旅前夜…

そして当日
戸締まり大丈夫かなー?
ゴロゴロー
まだまだホルモン暴れ中
大丈夫だってば~
も~
空港のツアーカウンターへ
ホノルル空港に到着したら現地のスタッフがおりますので
行ってらっしゃいませ!!
ハイ
自動チェックイン機の操作がよくわからず…
スタッフの方に聞きまくってしまった…
あコレは
そこは
手荷物検査 出国審査をバタバタとすませます
Duty Free
免税店
これで手続きは全部だよね~?
ん~
ナオちゃん 体のほうは大丈夫…?

は〜〜〜〜!! 免税店のこの香り…
化粧品とか
香水とか♪
ひさしぶり〜
スーハー スーハー
あれ? なんか急に元気になったっぽい?
いや〜 あとは飛行機乗るだけって思ったらさ〜
スッキリ…
いろいろ解放された〜
そういうものなの?
切り替え早っっ!!
まーまー旅を楽しもうよ
何はともあれよかった〜
ほ〜っ
あ〜♪ 飛行機乗ったらハワイだよ〜
デルタ航空612便をお待ちの皆様お待たせしました
おっ来た!

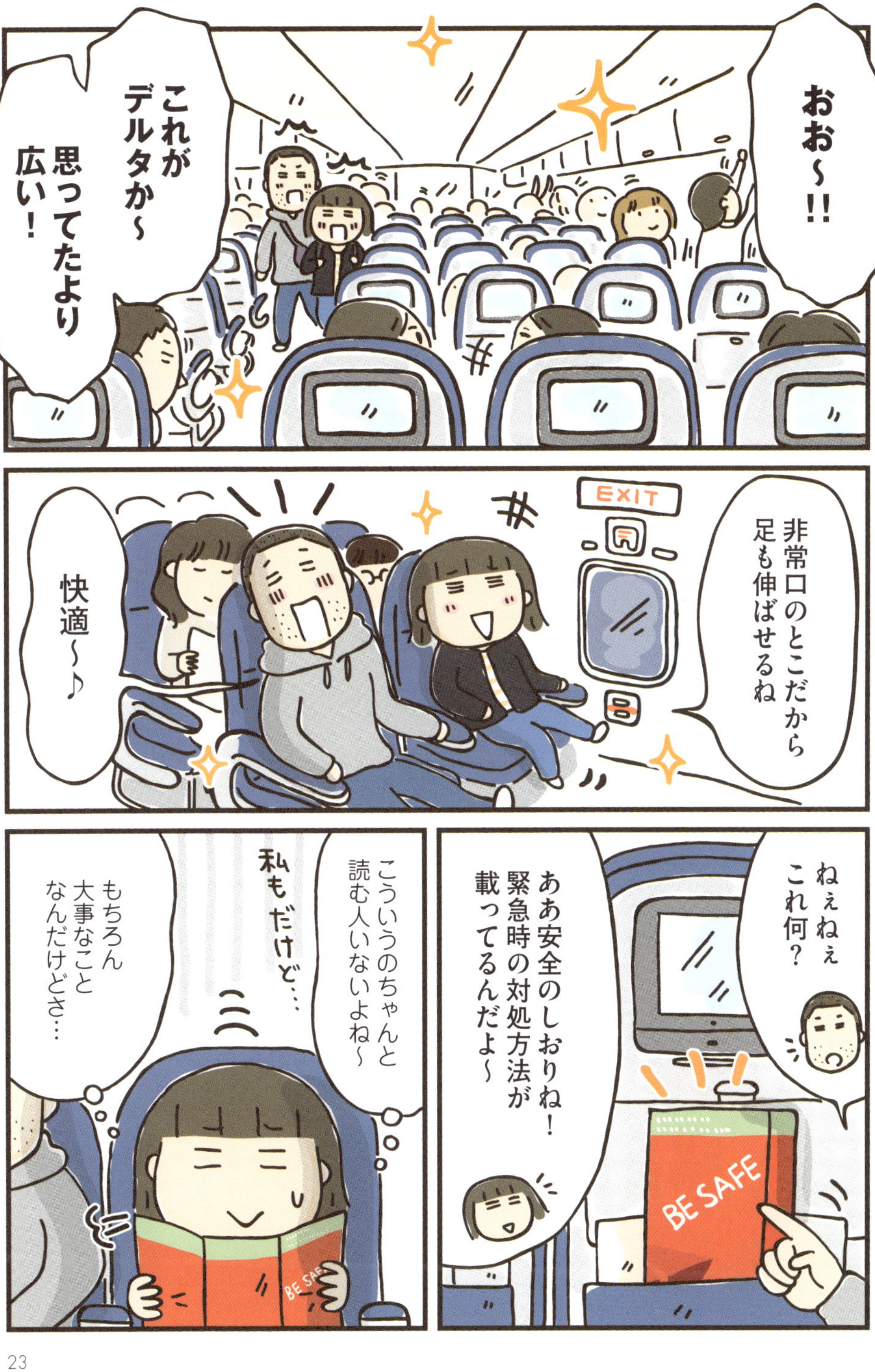
おお〜!!
これがデルタか〜
思ってたより広い!
EXIT
非常口のとこだから足も伸ばせるね
快適〜♪
ねぇねぇ これ何?
ああ安全のしおりね! 緊急時の対処方法が載ってるんだよ〜
BE SAFE
こういうのちゃんと読む人いないよね〜
私もだけど…
もちろん大事なことなんだけどさ…
BE SAFE

EXIT
非常口の開け方はっと…まずカバーを引いて…
ブツ
ブツ
中のヒモを引くと扉が開いて…
ブツ
めっちゃ読んでるし
普段はひょうひょうとしてるけど…変なとこくそまじめなんだよな〜
プレッシャー♪
ブツ
ブツ
海に着水したらボートを出すんだな
夫の新たな一面を発見…
万が一の時はハッチーに頼ろう…
あ〜空飛んでる〜
救命胴衣は〜
ゴォー
そういえばCAさんはほとんどが外国人の方だけど…
男性のCAさんも♪
日本人の方も何人かいるんだな

乗客もパッと見ほとんど日本人だし
本日はデルタ航空をご利用いただき
アナウンスも英語のあとに日本語で流れてくるんだ
名古屋発だしそりゃそうか…
お飲み物いかがですか？
私コーラで…あったらゼロを！
オレコーヒーで〜
はい コカ・コーラゼロです
ニコッ
どうぞ
いいじゃんデルタ…
ほっ♪
最初の不安もなんのそのすっかりデルタが気に入った私
ムフ〜〜
そんなこんなで
機内食食べたら映画もみずに爆睡〜
7時間の空の旅を過ごしたら
ぐお〜

＊2017年4月27日より、「ダニエル・K・イノウエ国際空港」に改名されました。

第3章

Chapter 3

ハワイ1日目

ハッチー、いきなりハワイにハマる!

ホノルル空港に到着～
ハワイの空気～♪
スーハースーハー
現地のスタッフさんがいるんだっけ
ALOHA～
あの人かも！
ほんとだ！
なんとかツアー
すみませーんこれ書類です
飛行機　お疲れ様でした！
今からホテルまでお送りしますので
15時になったらチェックインしてくださいね
ハイ
バーン
それでは車にどうぞ――

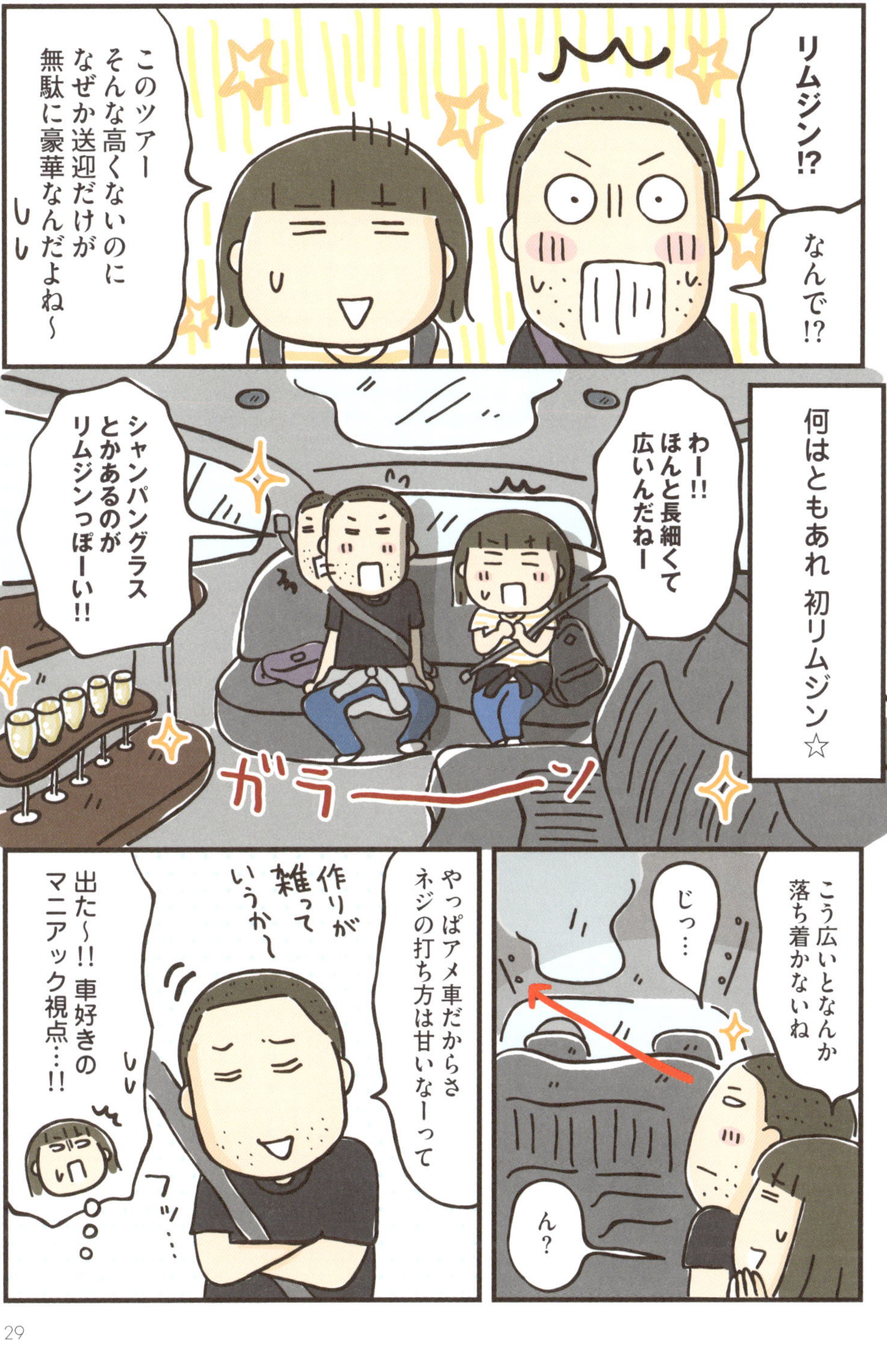
リムジン!?
なんで!?
このツアー そんな高くないのに なぜか送迎だけが 無駄に豪華なんだよね～
何はともあれ 初リムジン☆
わー!! ほんと長細くて 広いんだねー
シャンパングラス とかあるのが リムジンっぽーい!!
ガラーーーン
こう広いとなんか 落ち着かないね
じっ…
ん?
やっぱアメ車だからさ ネジの打ち方は甘いなーって
作りが 雑って いうか～
フッ…
出た～!! 車好きの マニアック視点…!!

シートがふかふかなのもアメ車の特徴で…
わ～景色がハワイだ～♪
夫のうんちく話もおかまいなしにリムジンはぐんぐん走る…
30分ほどでホテルに到着
サンキュ～
こじんまりしててかわいいホテルだね
ワイキキのど真ん中で立地もいいでしょ～
前から泊まってみたかったんだよね～

チェックインは15時ってことで
今は12時か…まだ3時間もあるねー
どうする？
フロントにスーツケース預かってもらって
身軽!!
街ブラブラしつつごはんでも食べようか！
ハーイ
ハーイ
チェックインまで荷物預かってもらいたいんですが…
OK?
ハイ ○○ツアーですね
カチ
カチ
確かにチェックインは15時ですが…
日本人の方だ！
お部屋の用意できてるんで特別ですけどチェックイン今でいいですよ
やった〜〜〜!!
旅ってたまにこういうラッキーあるからうれしい…♪
部屋4階だねー

お〜♪ 部屋もいい感じ
早速 街に くりだすか!!
うんっ
うわ〜ほんとに あったかい!
でも蒸し暑くなくて 気持ちいい〜♪
ねー!!
ブッブー
ブロロロー

見てみて あれが デューク・カハナモク像！ ハワイの伝説的 サーファーなんだよ～
あー!! 写真で 見たことあるある!!
そういえば お昼ごはん どうしようね
ここらへんで 何か食べよっか
おっ あの看板！
エッグスンシングス!!
Eggs'n Things
Hawaii
Established in 1974
日本にもある有名な パンケーキ屋さんだよね？
生クリーム どーーん
こういうの よくテレビで やってる!!
元はハワイのお店で 大人気で日本にも 進出したんだよ
いつも混んでてさ～

だったら
エッグスンで
お昼食べよっか
いいね！
本場だしっ
メニュー
エラブー
ここで注文
するのかな？
オカイケイ
ココー
ペラペラ
支払いも
先みたいだね
どれもおいしそう
だね～
甘いのもしょっぱいのも
食べたいんだけど…
あこのロコモコと
パンケーキのセット
どうかな？
2人で食べたら
ちょうどよさそう！
どれどれ？
どーーん
量多そうで
尻込みするね…
もうそんなに食べられない
アラフォー夫婦の悲しさよ…

サンリオのキャラの!?
gudetama × Eggs 'n Things
$15 ぐでたまスリーピーメニュー
ぐぐでたま!?
エッグスンとコラボメニューなんてあるのか!!
ぐでたまかわいいけどハワイ第一食目が日本のキャラとのコラボメニューって…
でもちょうどいい量だしな〜
OK〜
これひとつ〜
お会計をすませ待ってると
ハーイ
もう…ギブ…
生クリームてんこもりなパンケーキに苦戦する若者たちを発見…
半分も食べてない…
あんな若い子たちでも食べきれないなんて…
アラフォーにはぐでたまセットで正解かもだね…

そうこう言ってるうちにぐでたまセットがやってきました♪
おお!!
gudetama
おいしそう〜♪
まずはロコモコから…いただきまーす!
ん〜!! 卵半熟でおいし〜♡
ソースも本格的な味がする!!
日本のロコモコとちがーう!!
グレービーソースだね肉汁から作るソースなんだよ〜
うまーっっ
これぞ外国の味!!
ハンバーグもおいしいねー!!
雑な感じがTHEアメリカ!!
そこがいい〜♪

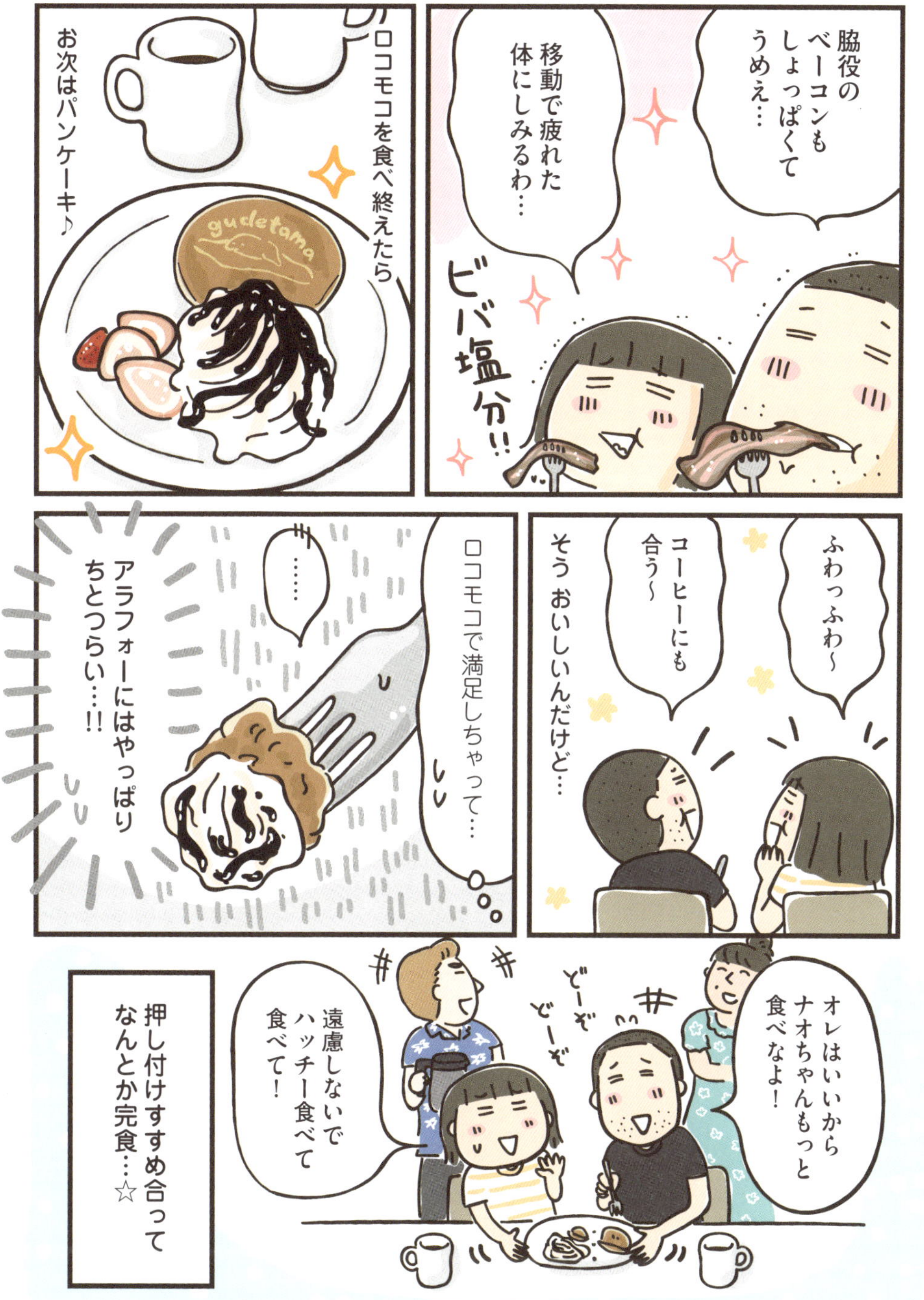
脇役のベーコンもしょっぱくてうめえ…
移動で疲れた体にしみるわ…
ビバ塩分!!
ロコモコを食べ終えたら
お次はパンケーキ♪
gudetama
ふわっふわ〜
コーヒーにも合う〜
そうおいしいんだけど…
ロコモコで満足しちゃって…
……
アラフォーにはやっぱりちとつらい…!!
オレはいいからナオちゃんもっと食べなよ!
どーぞどーぞ
遠慮しないでハッチー食べて!
押し付けすすめ合ってなんとか完食…☆

いや〜満腹〜
ぐでたまセット おいしかったね♪
あトイレ 行きたいな
じゃ そこの トイレ行く？
このあと どうしよっかな
トロリー乗って 移動もいいな〜
あ 来た来た
このあとさー トロリーの レッドライン 乗らない？
トロリー？
WAIKIKI
オアフ島の名所とか 観光スポットを 周遊してる乗り物でね
線もいくつか あるんだけどー
レッドラインは 歴史観光スポット ぐるっと周るの
WAIKIKI TROLLEY
RED LINE
イオラニ 宮殿
カメハメハ 大王
などなどー
へ〜 おもしろそう！

1周2時間くらいかな?
途中下車してもトイレがないとこもあるけど
WAIKIKI TROLLEY
まぁ今行ったばかりだし…
あっ
トイレ…やばいかも…
えっ!! そうなの!?
実はさっき…
ジャー
ジャー
足見えてるー
スカスカー
※防犯のため
外国のトイレの開放感に衝撃受けて…
お腹ゆるくなっちゃってて…
なっ
出発前は私がボロボロだったけど…
まさかトイレでプレッシャー感じるとは…
外国のトイレってすごいね…
ぐるる
人のウィークポイントいろいろ…
じゃあさートイレいつ行きたくなってもいいようにアラモアナセンター行こうか
ピンクラインで30分ぐらいだし!!
アラモアナセンター?
PINK LINE
12 アラモアナセンター

ALAMOANA
とにかく巨大なショッピングモールなの!!
お店もたくさんあるしフードコートもあるし…
何よりトイレ行き放題!!
おお!!
WAIKIKI
パパッとトロリーに乗って
風が気持ちいいね
ねー♪
アラモアナへ☆
WAIKIKI TROLLEY
おお〜!!吹き抜けが気持ちいいー
久々来たけどさらにお店増えた気がする!!

トイレ問題で来たアラモアナだけど…
カバンかわい〜〜♪
ショッピングも楽しいな〜♪
次どの店見る？
ちょっと待って!!
すげ〜テスラだ〜!!
テスラ？
何それ？
？
？
TESLA
テスラとはアメリカの高級電気自動車メーカーで
これ日本じゃなかなか走ってないんだよ〜
うぉぉはじめて実物見た
へ〜…
ねぇねぇナオちゃんデジカメ持ってたよね
写真撮ってあとでデータちょうだい!!
いいいけど…

部品の写真とか
あとから見て
どうするの？
ゆ〜♡
なんか中が
むき出しに
なってる
ハワイに来ても
夫の車愛は
止まらない…
興奮したら
お腹治っちゃった♪
Japan Village Walk
Shirokiya
じゃあフードコートで
休憩しよ〜
すごいにぎわい！
ちょっと和チックな
雰囲気だね〜
どうやら白木屋という
日系のお店のフードコートらしく
そういえばここ
ガイドブックにも
載ってたかも！
確か新装オープン
したんだよ
たこ焼き
Takoyaki
「外国の考える日本」って
イメージでミスマッチ感が
おもしろいわ〜
$1
BEER
おっ1ドルビールだって
一杯やるか！

無事ハワイに来たことと…
ハッチーのお腹の調子も持ち直したことに…
カンパーイ☆
ハワイ1杯目のビールめちゃくちゃおいし〜!!
これバドライトだっけ〜
軽いからぐいぐい飲めるねー
そうだハッチーハワイどう?
初めてのハワイどう?
いいとこでしょー
うん食べ物も口に合うし
街もきれいだし
ロコモコおいしかった♪
ゴミとか落ちてない♪
フッ…
ハワイ住めるなオレ…
へっ!?

ハワイ来てまだ10時間ぐらいなのに
そんなに気に入った!?
ハワイで働くならトロリーの運転手かな
常働ビザで来たときのシミュレーションも欠かさない…
さっきまで外国のトイレにびびってたくせに…
でもハッチーなりに旅楽しんでるみたいでよかった〜
いいわー ハワイ〜
1ドルビールのあとは引き続きお買い物タイム
CLEALANCE
おー♪
めっちゃ安くなってるー
ここでなんと夫が水着を持ってくるのを忘れたことが判明…
えっ
まじで!?
やけに真剣に見てると思ったら…!!
まじまじ
いやー
すっかり忘れてたー
いま水着買うわー

ハワイ準備のとき
♪〜
スーツケースに入れるの着替えと水着だけでいいか〜♪
どっちが
いいかなー？
なんて豪語してたのに…？
結局ナイロン素材の短パンを水着用に購入
ほく
ほく
OLD NAVY
それはそれでハワイで初買い物うれしそうだな
よかったねー
再びトロリーに乗ってワイキキへ戻ります
アラモアナ楽しかったねー
ねー
トコ
トコ
あ…あれ…!!
お母さん
？
フツーに乗ってきた子供…
スターウォーズの仮装かな!?
トコ
ザワ
ザワ
トコ
ザワ
そういえば明日ハロウィンだから…
ペラペラー
思わずにっこりの帰り道

ABCストアでは夕飯の買い物
もう遅いし部屋でごはん食べよ
OK
さっきハワイ来たと思ったのにもう夜の10時か
遠出するわけでもなかったけど楽しかったね～
ようやくハワイの旅が始まったって感じだな♪
ん?
チカ
チカ
電話が点滅してるけど…
チカ
チカ
MESSAGE
もしかしてメッセージ来てるとか?
え～ 誰からだろ…
このボタン押せばいいのかな?
ポチッ
あれ? ちがう??
しーん
あ――聞き方がわかんないよ～
まじで
カサ
あっ

さっきABCで買ったごはん…
おはしとかついてなかったー!!
Lite
20% OFF
BOWL-HERB CHICKEN MUSHROOM
$4.99
そっか!!ハワイだからそんなサービスないのか〜
フロントでフォークもらって…あでも日本人のスタッフとは限らないか!
英語でフォークくださいって何て言うの〜?
メッセージの聞き方ほんとわからないんだけど〜!!
このちょっとしたことが思い通りにならない不自由感…
外国って感じだな…!!
コクコク
楽しいこともままならないことも全部ひっくるめて
電話どうしよ〜
メッセージ誰からか気になるよ〜
トゥフォークプリーズで通じると思う?
ハワイに来たことをひしひしと感じる1日目の夜でした

その後の話①

フォークはフロントでもらうことに
トゥフォーク プリーズ!
今思えばフォークスだよ、私…
?
一瞬考えて…
!
ああ!って顔
朝食用のプラスチックのフォークを2本くれた…
サンキュー
聞き方のわからない電話のメッセージは…
家族とかの大事な用ならスマホにかけてくるでしょ!
ってことで放置…
帰国日まで点滅し続ける電話であった…
チカ
チカ

第4章

Chapter 4

ハワイ2日目

ダイヤモンドヘッドと射撃体験！

ハワイ2日目は
BREAKFAST HOURS 7-9 AM
ホテルのサービス
コンチネンタル朝食で始まる
なんかかっこいいけど要はあったかいおかずはなくて
ない
ベーコン
ウィンナー
目玉焼き
ある
フルーツ
パン
コーヒー
ゆで卵
パンとコーヒーがメインのシンプルな朝ごはんなんだよね〜
オレ全然これでいいよー
食パンはこれで焼くのかな?
じー
これ…どうやって使うんだ…?
HI
ペラペラ
LOOK! LOOK!
スポ
?
ぐいっ

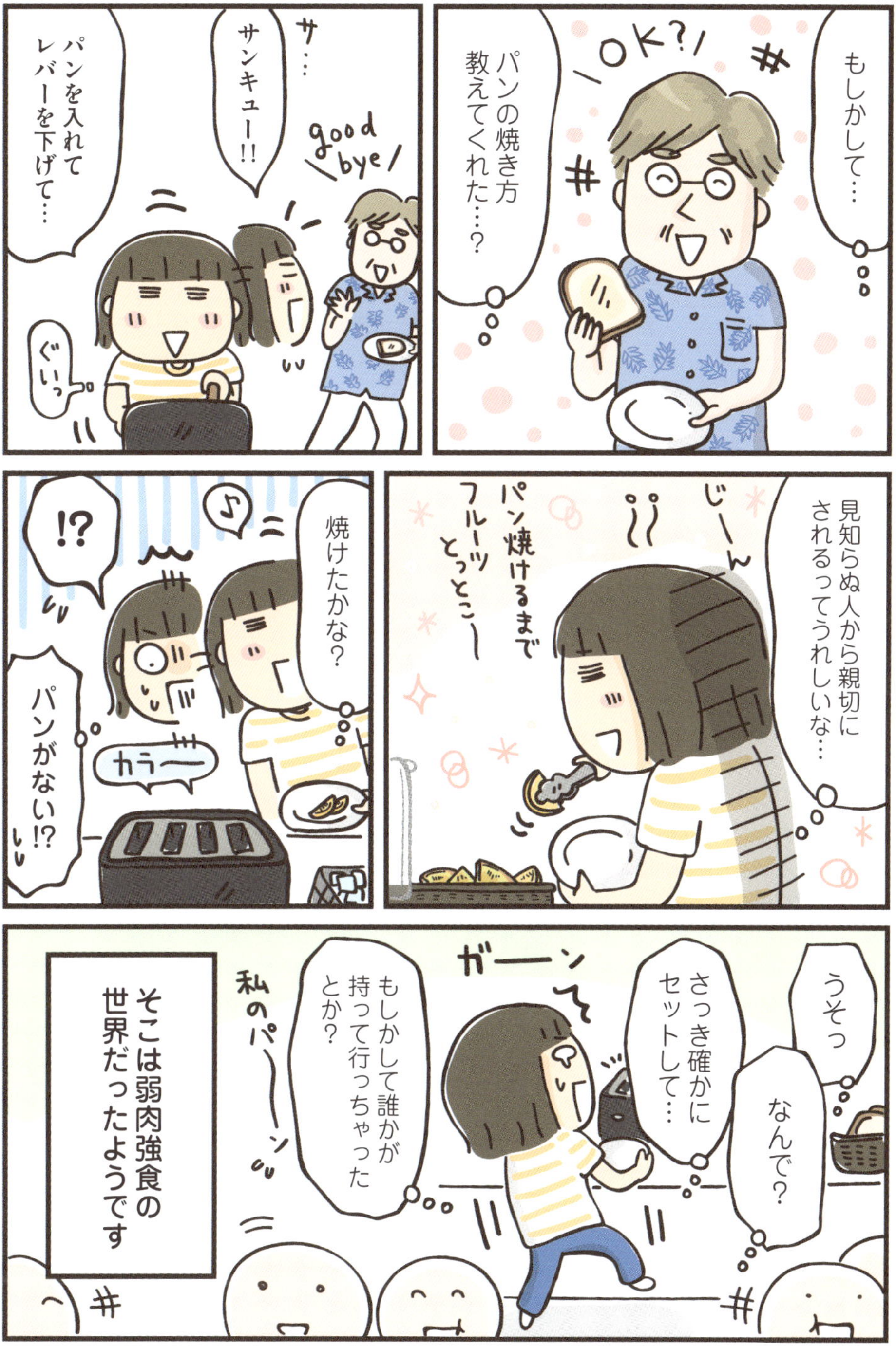
もしかして…
パンの焼き方教えてくれた…?
OK?!
サンキュー!!
サ…
good bye
パンを入れてレバーを下げて…
ぐいっ
見知らぬ人から親切にされるってうれしいな…
じ〜ん
パン焼けるまでフルーツとっとこ〜
焼けたかな?
♪
!?
パンがない!?
カラ〜〜
うそっ
なんで?
さっき確かにセットして…
ガーーン
もしかして誰かが持って行っちゃったとか?
私のパ〜〜〜ン
そこは弱肉強食の世界だったようです

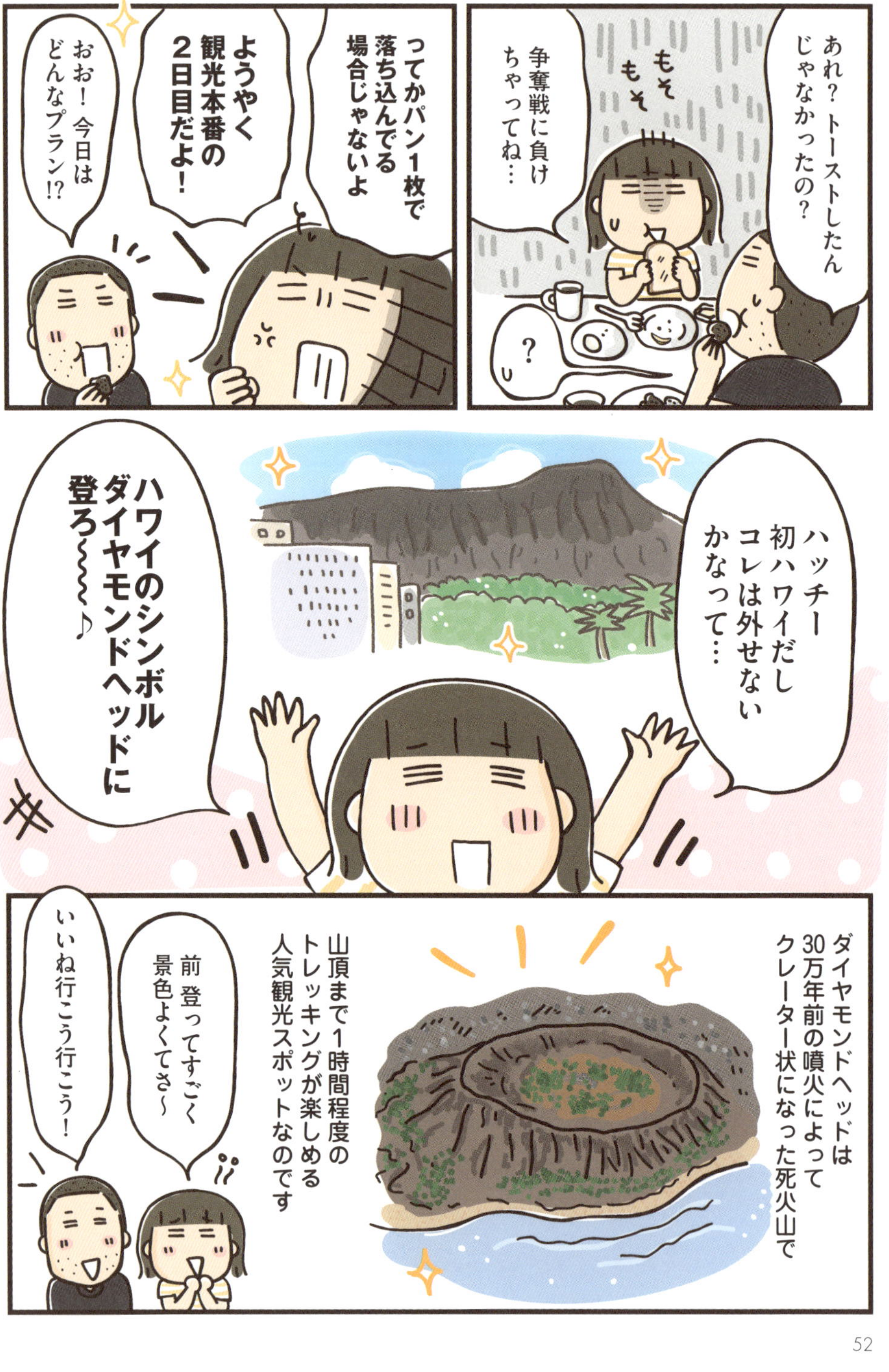
あれ? トーストしたんじゃなかったの?
もそ もそ
争奪戦に負けちゃってね…
?
ってかパン1枚で落ち込んでる場合じゃないよ
ようやく観光本番の2日目だよ!
おお! 今日はどんなプラン!?
ハッチー初ハワイだしコレは外せないかなって…
ハワイのシンボルダイヤモンドヘッドに登ろ〜〜♪
ダイヤモンドヘッドは30万年前の噴火によってクレーター状になった死火山で
山頂まで1時間程度のトレッキングが楽しめる人気観光スポットなのです
前登ってすごく景色よくてさ〜
いいね行こう行こう!

早速グリーンラインのトロリーに乗って
海きれ～
ダイヤモンドヘッドへ
30分ほどで登山口へ
入園料は1人1ドル
標高232mの山頂を目指して歩きます
あそこのワゴンホットドッグ売ってる！
HOTDOG
シェイブアイスも！あとで食べよ～
けっこう人多いね
はじめはアスファルトなのか！

しばらくすると
道うねってきた～
下もゴツゴツだね
下りてくる人とすれちがうのも大変な細い道に
20分も登ればお～♪
景色もいい感じ♪
水必須↓
ねぇねぇあれって重い物吊るしたりするウィンチだよね
なんでこんな休憩スポットにあるんだろ?
あっ
そういえばダイヤモンドヘッドって昔アメリカ軍が要塞として使ってたんだって
もしかしたらそのときの名残なのかも?
U.S. FORCES
へ～!! そうなんだ!!
この頃までは
ピストルの射撃場の跡もまだあるって
会話を楽しむ余裕があったんだけど…
パンフ

どわ〜階段!!
こんなのあったっけ〜?
なかなかの急勾配だね
最後に登ったの10年も前だから結構忘れてるな…
ゼーハーゼーハー
踏み外さないようにね〜
ダイヤモンドヘッドってこんなきつかったっけ?
ゼーハー
ゼーハー
単に私が10年分年取ったってことか
トンネルを抜ける頃には息切れマックスに…
長いトンネルだったね…
ゼーハー
ゼーハー
そろそろ山頂間近かな?
ゼーハー
ゼーハー
あ

ぬは〜〜〜〜!!
階段再び〜〜〜〜
しかも明らかにさっきより長いやつ〜〜!!
パンフによると99段ある…
そうだそうだダイヤモンドヘッドってこんなだったわー!!
しかし10年という年月はすごいもので
見て あっちに迂回路できてる
これ多分昔はなかったような…!?
ピカ
ピカ
ピカ
じゃオレ階段から行くから頂上で会おう
じゃっ
あんな小さい子やお年寄りも99段の階段で行ってる…!!
み…みんなすごいな…
己の体力のなさを痛感しつつようやく頂上へ…
ゼーハー

は〜〜〜〜…… 地球ってほんとに丸いんだな〜
ね〜〜〜〜〜!!

ねぇ見て見て あっちワイキキだよ
ココらへん
お〜 一望できるね
泊まってるホテル どこかなー?
あそこらへん じゃない?
え〜 どこどこ〜?
ダイヤモンドヘッドからの 風景を見ていたら
すっげ〜
結婚して1年半… ようやくハッチーと ハワイに来たんだなあ
じ〜ん☆

絶景を堪能したら
ホットドッグが待ってる〜
シェイブアイスも〜
さくさく下山
ぐー
ぐー
登山口の近くのワゴン車で
ホットドッグワン！
シェイブアイスワン！
エイトダラー
お昼ごはんを買い込みます
ORDER HERE
ご注文
じゃーん☆
歩いてお腹すいてたってのもあるけど…
ホットドッグうまー!!
しょっぱいソーセージにしゃきしゃきの玉ねぎとピクルスがいい〜
水分少なめのパンがうまくまとめてる!!

シェイブアイスもおいしいよ～!!
汗ばんだ体がクールダウンするわ～
COOL
ダイヤモンドヘッドに登った達成感もスパイスで
ほんとだシェイブアイスうめー
ホットドックもいけるねー
あっという間に完食
帰りは住宅街通るんだねー
ここらへん高級住宅街なんだよ～
キキ～ッ
トロリー停まった?
まだ停留所じゃないよね?
Ha～i
HALLOWEEN!! TAKE PICTURES!
ペラ
ペラ
ああ!! あの家ハロウィンの飾り付けしてるんだ!!
撮影のためにわざわざ停まってくれたのか～
Happy HALLOWEEN
なるほど～

わー♪
パシャ
パシャ
パシャ
な…なんて親切な運転手さんなんだ…
ん? ああそうだねー
運転席のとこにチップボックスあったよね
オレ チップ入れるわ
えっ
確かにハワイはチップ文化だけど…
トロリーは別にチップいらないんだよ
オレはあの運転手さんのサービスに感動したからいいの!
そう 公共の乗り物にチップはいらない…
でも特別なサービス受けた時チップを渡すのはおかしいことじゃない…
すなわち夫の行動は正しい…!!
初海外ってことでチップのこと気にしてた夫だけど…
旅前
チップってどうするのー?
あーチップはねー
図らずも私より理解してたってことか…

私トロリー何十回と乗ったけどチップなんて考えたことなかったな～
サンキュー
ニコッ
TIP
そんなこんなでワイキキに戻ったらお茶タイム
このあとどうする～？
海とか行く～？
ん～～～…
オレ実はさ…ハワイでやってみたいことがひとつあってさ…
言ってもいい？
え～何なに!?
いやほんと男の願望丸出しで引かれちゃうかもなんだけど…
ドキ
え？
何？
まさかストリップとかそっち系？
ドキ
実弾撃ちたい
ロイヤルハ
シューティングクラブ
ハワイ最大の室内射撃場
12PM～11PM
808……

じ…実弾って射撃ってやつか〜
びっ…びっくりした〜
やってみてぇ!!
なんでも夫は昔 趣味でエアガンをやってたことがあるらしく
こういうの好きなんだよね…
知らなかった〜
いつも我を出さず
オレはこうしたい
っていうのをあまり言わない夫…
結婚式も私に合わせてやらないことに承諾し…
やりたくなーい
いいよ
新婚旅行も私に合わせ…
ハワイがいいー
いいよ
だから…
射撃したいなんて自分から言うなんてなんかうれしい…!!
実弾撃ちたいとか一度も思ったことないけど…
いいよやろうやろう
おー♪
思わず賛成☆
早速 ガイドブックに載ってる射撃のお店へ
ここだここだ
飛び込みでも大丈夫かな?

予約ナシでも大丈夫ですよー
今日はお酒飲んでないですか?
ハイー
なんでも飲酒した状態では射撃はできないらしく
ふ〜っっ
アルコールチェックもしっかり受けます
大丈夫ってわかっててもドキドキする…
コースはこんな感じです
いろいろあるな〜
Super Course
Royal Course
ん〜
オレ スーパーコースにするわ
大口径銃6種
150ドル
じゃあ私は…女性向けのロイヤルコースってのにしようかな?
20口径銃2種
大口径3種
122ドル
高いのか安いのかもわからない…
支払いをすませたら構え方など基本的なレクチャーを受ける
親指はそこに当てて…
あっ
え〜っとそうじゃなくて…
もちろんモデルガン
めちゃくちゃ飲み込みが悪い…
がんばって〜

銃の持ち方をひととおり教わったらヘッドホンとゴーグルをつけていよいよ射撃場へ
ロイヤルコースのお客さんはまず10番で撃ってねー
安全のため長袖着用～
お…重…
これが本物の銃…
銃はワイヤーでつながれている
ずしっ
パァアアアン!!
ビクッ
えっ…?
ハッチーもう撃ってる?
パアン
パアアン!!
全然ひるまず…
パアン!!
すごい…

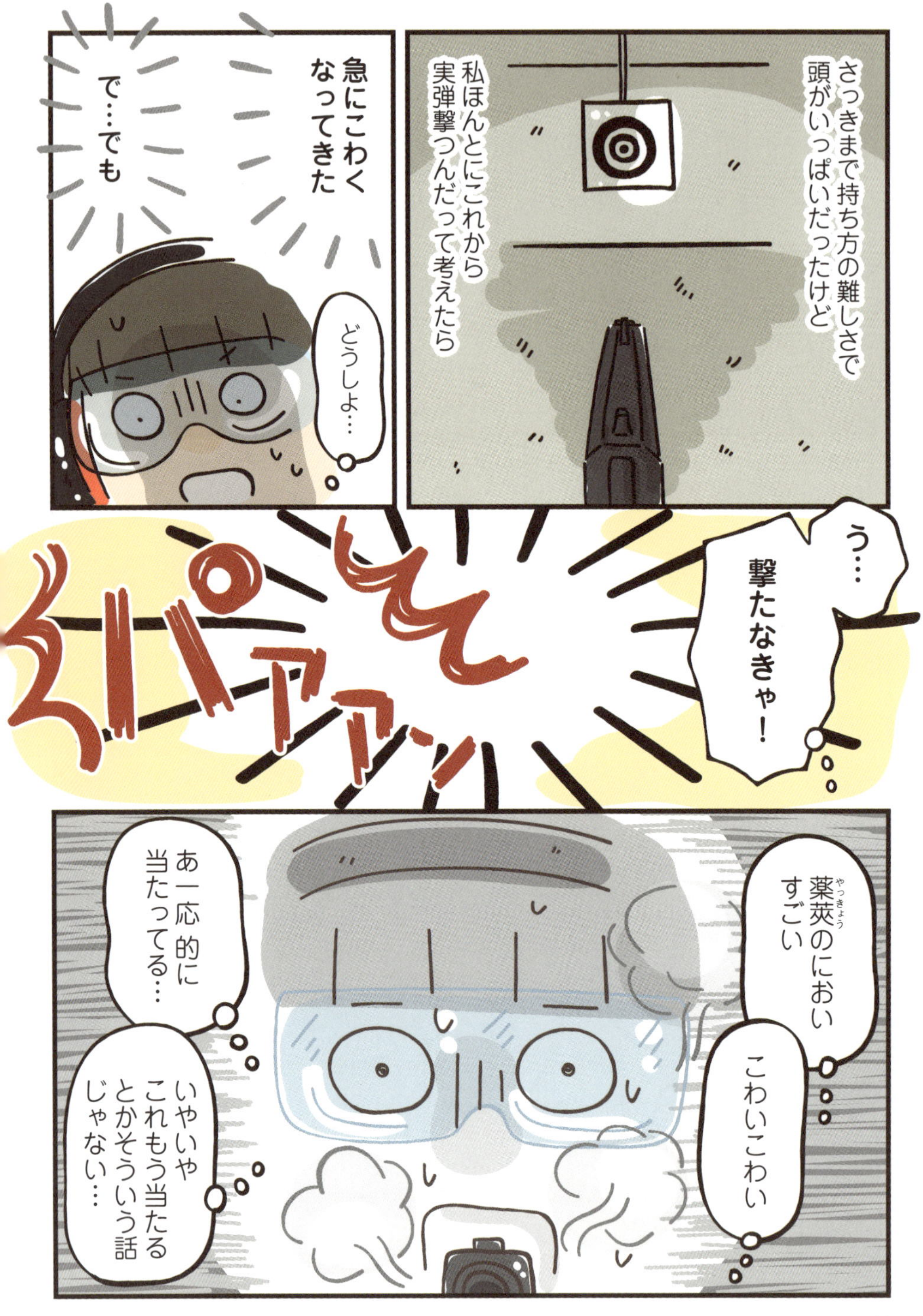
さっきまで持ち方の難しさで
頭がいっぱいだったけど
私ほんとにこれから
実弾撃つんだって考えたら
急にこわく
なってきた
で…でも
どうしよ…
う…
撃たなきゃ！
パァァン
薬莢《やっきょう》のにおい
すごい
こわいこわい
あ一応的に
当たってる…
いやいや
これもう当たる
とかそういう話
じゃない…

暴発したらどうしよう
パァアン
これで人が死ぬし
凶器にもなるし
パァアン
ぶっちゃけ逃げ出したいくらいこわい…
パァアン
ビクッ
ビクッ
ビクッ
次の銃の準備するからちょっと待っててねー
ハァ
ハァ
ハァ
このこわさ…何かに似てるな…
あ…あれだ…
昔やったバンジージャンプだ…
ハッ
こわいのに逃げられなくて飛ぶしかなくて
あの時と同じこわさ今感じてる
ギャーーーッ
ロイヤルコースの方は12番にどうぞー

しかも5種撃つって
けっこう長くてなかなか
終わらず
パァアン
わーん!!
まだ?
まだなのー!?
パァアン
パァアン
早く終わってぇぇぇ!!
すべての銃を撃ち終わると
すっかり放心状態に…
これで
122ドルって
安いわ…うん…
おつかれさまですー
夫は6種なので更に長い!
わ～い♪
パァアン
いや～
おもしろかった～
ちょっと休憩
しよっか…
的もらった
う～ん マグナムがさぁ
最初はよかったんだけど
44マグナム リボルバー
後半 集中力
切れちゃってさ
Royal Hawaiian
外しまくりだよ～
ライフルも
難しかったな～
くやしうれしそう
いやあぁ
銃がこんなに
こわいなんて
思わなかったよ…
ボンッ
ズ～ン

撃っても撃っても終わらないし
暴発したらどうしよ〜って…
うん エアガンやってたオレでも本物の銃はやっぱビビったよ〜
日本に住んでるとピンと来ないけど
フツーの人が銃持ってる世界ってすごいね…
私 日本人でほんとによかった…
ハワイの青い空を眺めながらそんなことを思う…
銃体験のあとは以前から行こうと決めていたキングスビレッジのファーマーズマーケットへ
まだ銃の衝撃が…
明日筋肉痛になりそう〜

ファーマーズマーケットって
いわゆる青空市か！
食べ物もいろいろ
売ってて楽しそうでさー
そうそう～
Pad Thai
Fried Rice
早速屋台で
ごはんゲット
いただきまーす!!
チャーハンおいしい！
お米
長細いけど
タイ米かなー？
春巻きも
具材ぎっしりで
おいしいよー!!
エビの練り物も
おいしいね！
パクチー
のってる
パクチーが
いいアクセントに
なってるわ～
ホテルで食べる
フルーツも
買ってかない？
いいね
いいね～
ごはんも食べて
ようやく射撃の
緊張もとけて
きた感じ…☆

暗くなってきたし ホテル戻ろうか
ごちそうさま〜♪
うん 街歩きしながら帰ろう〜
ワイキキの目抜き通りへ行くと
すっ すごい人〜!!
この日は10月31日 ハロウィン当日で、ワイキキはお祭り状態なのでした
日本でもハロウィンになじんでないのに
どわわ——
たまたまこの時期に来たハワイでハロウィン体験しちゃうなんて!!
見て見て ウォーリーいるよ
おっ スターウォーズはやっぱ人気だな〜
昨日も子供が仮装してたよね〜
あの女の子たちはセーラームーンだね
めちゃ人気!!
セ セクシ〜〜〜!!

かと思えばベビーカー押してるお母さんがアラジンのジャスミンだったり
か…かわいい…♡
あっちのファミリーはテトリスだ!
家族で楽しんでる人多いんだね
子供だけなぜか忍者
友達同士で
家族で
みんな思い思いの仮装して歩いてて…
おー♪
見てるだけで楽しいな~
メインストリートのみならず裏通りでも…
フツーにホテルに戻る途中と思われる
マ…
マスタード!!
MUSTARD
ハロウィンを満喫☆
←ABC帰り
今夜も部屋飲みでカンパ~イ!!

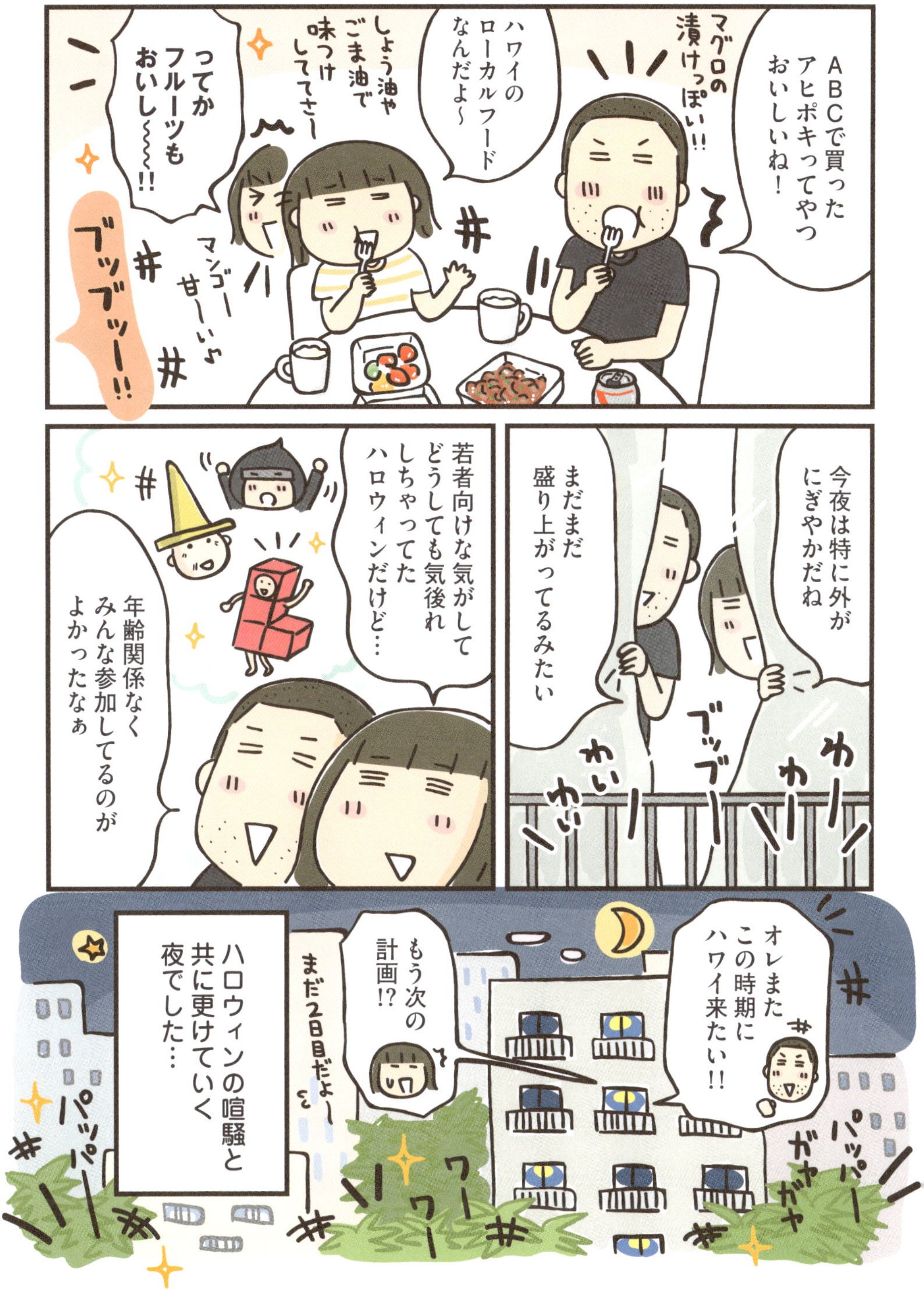
ABCで買ったアヒポキってやつおいしいね！
マグロの漬けっぽい!!
ハワイのローカルフードなんだよ～
しょう油やごま油で味つけしててさ～
ってかフルーツもおいし～～～!!
マンゴー甘～い♪
ブッブッー!!
今夜は特ににぎやかだね
まだまだ盛り上がってるみたい
ワーワー
ブッブー
わいわい
若者向けな気がしてどうしても気後れしちゃってたハロウィンだけど…
年齢関係なくみんな参加してるのがよかったなぁ
オレまたこの時期にハワイ来たい!!
もう次の計画!?
まだ2日目だよ～
ハロウィンの喧騒と共に更けていく夜でした…
パッパー
ガヤガヤ
ワーワー

その後の話②

帰国後、射撃のお店のHPを見てみたら

なんと最後の営業日だったという…

第5章

Chapter 5

ハワイ3日目

ラウハラ編みと天国ビーチ!

ハワイも3日目か～
ぬぼ
もう折り返しなんて早いね～
本日は少々お疲れ気味の私たち
夫は夕べお土産リストとにらめっこのまま寝落ちし
ワイワイ
ガヤガヤ
ぐび
ぐぉー
私はハロウィンにつられて遅くまで飲んじゃったのでした
今日はどこに行くの？
ハッチーもの作りとか好きでしょ
手先が器用で革細工とかする
自作の財布
こういうのはどうかなあって
「ラウハラ編み」の無料レッスン～!!
えっ 何それ
「ラウハラ編み」とはハラという木の葉っぱを編んで作るハワイの伝統工芸
昨日射撃したとこ
ロイヤルハワイアンセンターではいろんなハワイアンカルチャーのレッスンをやっていてこのラウハラ編みも無料で教えてもらえます
1時間くらいでブレスレット作れるんだって
おもしろそう！

レッスンは13時からだから…
それまでどうしようね
WAIKIKI TROLLEY MAP
あトロリーの「パープルライン」ってのに乗ってみない？
NEW!
PURPLE LIN
パールハーバーとか周るんだって
へ〜
パールハーバーアロハスタジアム
道向かいの免税店からあと15分で出るって
1周2時間半だからぐるっと乗ってみるのもよくない？
免税店
ホテル
車窓の旅
い…いいけど…
あと15分!?
マッハで顔洗って歯磨いた
な…なんでこんなことに!!
いそげ〜
ドタ
ドタ
ドタ
ハワイに来る前は
オレハワイわかんないからナオちゃんのあとついてくわ
だったのに…
来たらガンガン攻めてるな!!
ゼーハー
ゼーハー

夫の初ハワイは案外押せ押せモードなことを3日目にして知る
間に合った〜
ゼーハー
ゼーハー
パープルライン こちらです〜
地元で人気のショッピング施設「パールリッジセンター」や歴史的にも有名なパールハーバーに行くからか
乗客はほぼアメリカ人だな〜
日本人は私たちともう1組のみ
ペラ
ペラ
ペラ
海でも山でもなく
あ 工事してるね
新しい道できるのかな〜
ブロロロー
街なかを走るのがこれまた楽しいパープルライン
メディカルセンターって…病院か!
PALI MOMI MEDICAL CENTER
地元の人の生活が垣間見えるね
しばらくするとパールハーバーに到着
ワイ
ワイ
ガヤ
ガヤ
みんな降りるんだ

パールハーバーは日本がアメリカ軍に真珠湾攻撃を行い戦争のきっかけとなった場所です
今は記念館などある
やっぱりアメリカ人はみんな行くんだね
下車しなかったのは私たちともう1組の日本人のみ…
パールハーバーで降りないと…
ビュー
肩身が狭い気分になるなんてな…
こういうの難しい…
少し走ると
ミズーリアソコミエマース
ミズーリ？戦艦の？
…戦艦なんて
初めて見た…
観光でハワイに来てるとつい忘れちゃうけど
ビュー
昔ここで戦争があったんだなぁ…
車窓からのパールハーバーにいろいろ思う…

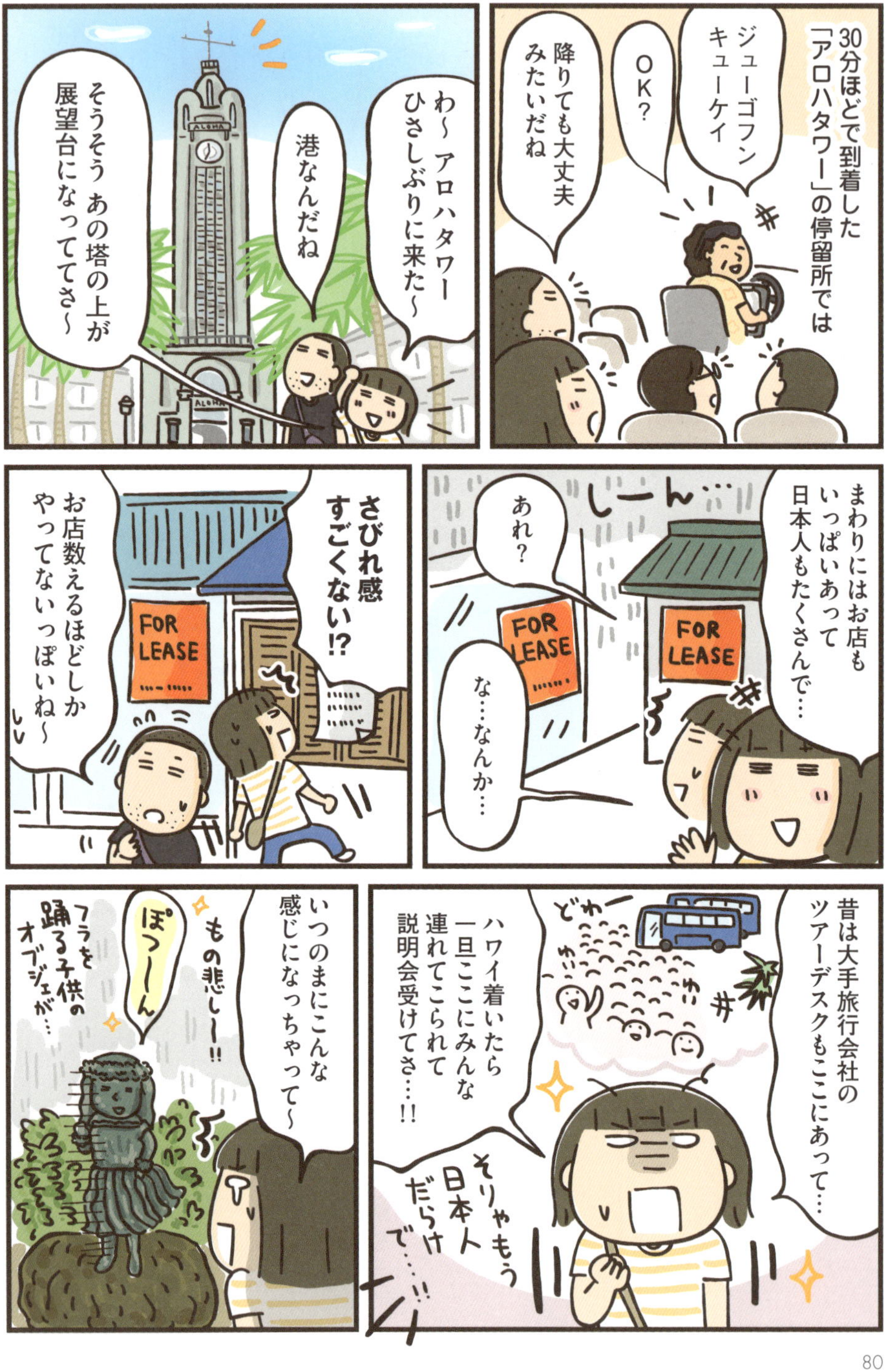
30分ほどで到着した「アロハタワー」の停留所では
ジューゴフン キューケイ
OK?
降りても大丈夫みたいだね
わ〜 アロハタワー ひさしぶりに来た〜
港なんだね
そうそう あの塔の上が展望台になっててさ〜
ALOHA
まわりにはお店もいっぱいあって日本人もたくさんで…
しーん…
あれ?
な…なんか…
FOR LEASE
FOR LEASE
さびれ感すごくない!?
お店数えるほどしかやってないっぽいね〜
FOR LEASE
昔は大手旅行会社のツアーデスクもここにあって…
どわー
ハワイ着いたら一旦ここにみんな連れてこられて説明会受けてさ…!!
そりゃもう日本人だらけで…!!
いつのまにこんな感じになっちゃって〜
もの悲し〜!!
ぽつ〜ん
フラを踊る子供のオブジェが…

なりゆきで乗ったパープルラインだったけど
観光地も大変なんだね…
フゥ…
思いがけずハワイの今昔を見ることができたのでした
ワイキキに戻ったら
ラウハラ編みまであと15分
落ち着いて〜
バタバタとランチをすませ
間に合った〜
ROYAL HAWAIIAN CENTER
ゲフー
先生登場
Hi
タトゥーの柄がハワイって感じだな〜!
ペラペラペラ
ペラペラ
ラウハラ編みとは…みたいなことを説明してるんだよね?
た…多分…

ブレスレットの材料として
ハラの木の葉のセットを1人ひとつ渡される
なめされて均一のサイズにカットされてる
巻く用
本体
まずは本体で輪っかを作り…
自分の手首にいいサイズ
ここは先生がやってくれる
OK?
ほ〜
細い葉を巻く形で編んでいく
え〜と次がこれで…
あれ?
む…難しい
これで合ってるのかな?
はじめはちんぷんかんぷんだったものの
おお!! そうか!!
パァァァ
シンプルな編み方なのでなんとなくコツがつかめてくる…!!
サクサク
サクサク
ちょっと快感…♪
せっかちな私は手早く編みを終了
あとは仕上げだけー
先生の説明待ちかなー
すごくていねいに編んでる
じっくり…!!

レッスンのあとはどうしよっかなー
ぼ〜
あ…
みんな仕上げは先生にやってもらってるみたいだよ
せっせ
いつのまにか行列が…
えっ
もう完成してる人も…
ええ〜〜〜!?
ギャ〜!! 全然気付かず…
ハッ!!
もしかして説明の時言ってたの?
英語わからないとこういう時せつない…
ササー
遅ればせながら先生に仕上げをやってもらい
テキパキ
お〜!! 手早いっ
FINISH!
ササンキュー!!

わ～!!
シンプルな編み模様がいい！
アクセとかあんまりつけないけど
うれしいな…
オレも先生に仕上げてもらった～
見せて見せて
何そのきっちりきちきちな編み方は…!!
ピシー
夫作
ピシー
ザ・几帳面!!
いびつ――
ちぐはぐ～
私の
ナオちゃんのは味がある感じ!!
やっぱこういうのって性格出るよね～
す、すご～!!
もの作りっていいね
頭の中がとぎすまされた…
手作りアクセっていう自分へのお土産もできて大満足…☆

ラウハラ編みのあとはフルに使った脳みそをほぐすべく
ワイキキビーチへ…!!
うおお——
3日目にしてようやくビーチ来れた〜〜〜
海きれ〜!!

は早!!
もともと泳ぐの好きって言ってたもんな～
そう 海って気持ちいいし人を開放的にする…
でもどうしよう…
もじ
もじ
パーカーと短パンいつ脱げば…
もじ
ああ…
ここまで来て人前で水着になるのが恥ずかしい…!!
誰も私のことなんて気にしてないし
フツーのワンピースの水着だし…
みんな堂々と水着になってるのかっこいいなって思うんだけど…
やっぱりこのだらけた体人前にさらす勇気ない!!
ってかあの子とかあんな細くて内臓どこに入ってんの!?

結局 短パンのみ脱ぎ海へ
わ…我ながら中途半端な…
ひ〜冷た〜!!
チャプ
チャプ
つ…冷たいけど…
気持ちい〜!!
うわっ
冷たっ
でも気持ちいい
スイー
あははっ
おっ
やっと来た来た〜
バシャ
バシャ
ふわー
は——
この浮遊感何年ぶりだろ〜

あ…
昨日登った
ダイヤモンドヘッド…
チャポ
チャポ
チャポ
チャポ

チャポ
キラキラして
きれい…
チャポ

もし天国が
あるとしたら
ふわ――
きっとこういう
感じなのかな～
♪
焼きたくて
日光浴
ビュ――ッ
風が冷たく
なってきたね
海を楽しんでたら
あっという間に夕方に
ホテル戻って
砂落として
今夜のごはんは
どうする?
あっ
カタマランだ
いいな～♪
ワイ
ワイ
ペラ
ペラ
MAITAI
CATAMARAN

あの船がどうしたの？
時間になるとお客さん乗せて出発してるクルーズ船みたいなんだよね
一度乗ってみたいんだけどお客さんもスタッフも外国人ばかりでよくわからなくてさ
ほんとだね
どこか受付とかないのかな～
ほんとは出発前にちゃんと調べようと思ってたんだけど…
ホルモン乱れてそれどころじゃなくて
だったら今日は無理だけど 明日乗れないかな？
ちょっと調べてみようよ
うん!!
部屋に戻ってスマホで調べてみると
日本語のオプショナルツアーサイト
http://.....
ワイキキビーチ出発！
夕日に染まる海へ…
マイタイ・カタマラン号
(4.35/5.00)
USD 45.00
フォト
ツアー詳細
このサイトから申し込めるみたいだよ
毎日何便か出てるみたいだけど…
さっき見たのが夕暮れにクルーズできて特に人気なんだって
へぇ～!!

カクテル付きで1人45ドルか
だったらいいよね〜
んっ
これって…クレジット決済しかないんだ…
http://……
＜支払方法＞
クレジットカード
VISA
MasterCard
JCB
・キャンセル料につい
参加日の2営業
予約総額の10
え？ダメなの？
海外の回線使ってる時にクレジット番号とか入れるのって…
セキュリティ
個人情報
ID
パスワード
正直ひるむなぁって…
ええ!?
そ、そこ!?
申し込んだら念願のカタマランに乗れるんだよ!?
なのにセキュリティが心配って…!!
私そういうの妙に引きが強くてさ〜
いつも使ってる印刷屋さんのHPがこないだ不正アクセスされちゃって個人情報流出のお詫びが来た…
ネットこわい〜〜〜!!

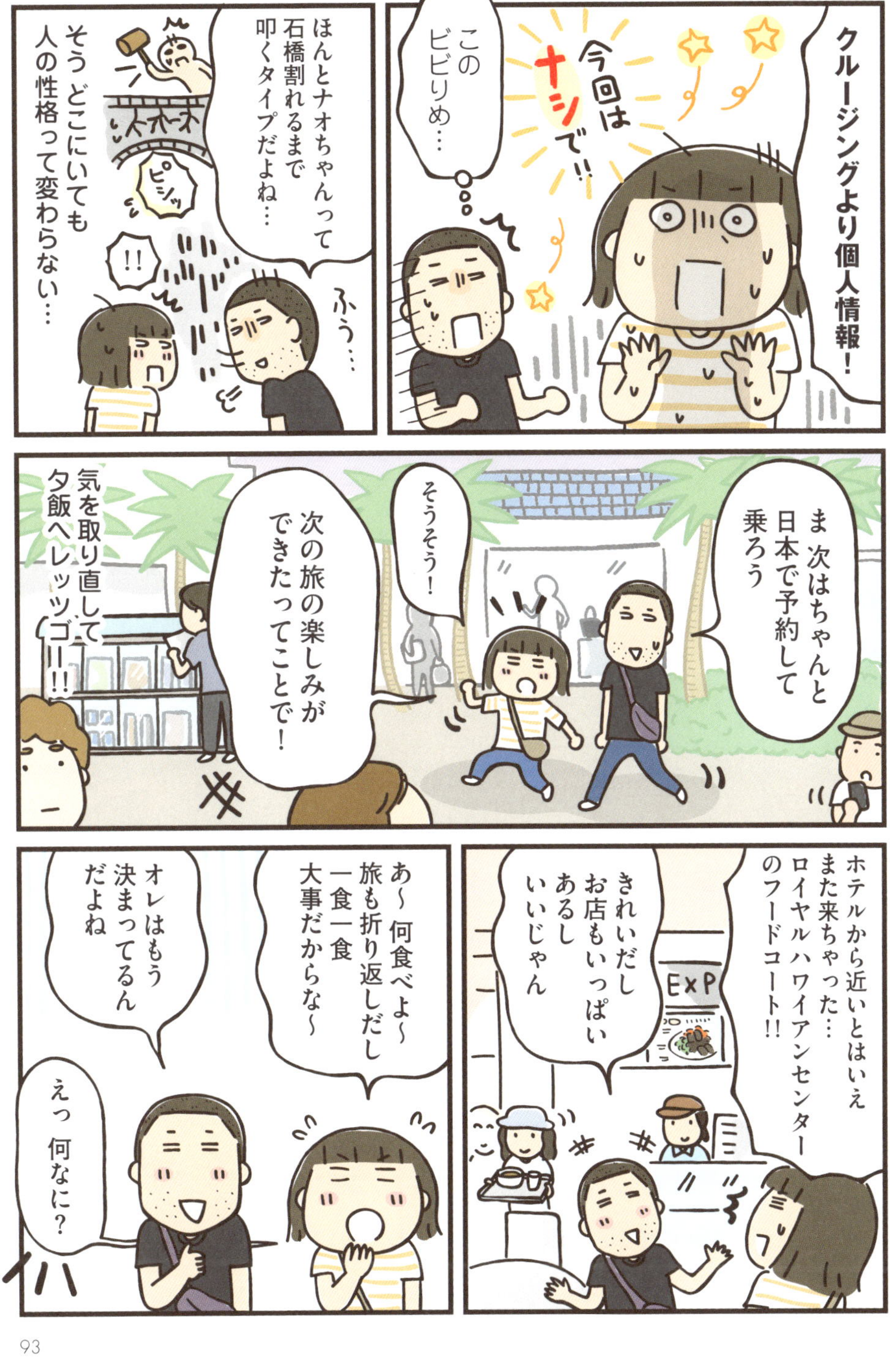
クルージングより個人情報！
今回はナシで!!
このビビりめ…
ほんとナオちゃんって石橋割れるまで叩くタイプだよね…
ピシッ
!!
ふう…
そう どこにいても人の性格って変わらない…
ま 次はちゃんと日本で予約して乗ろう
そうそう！
次の旅の楽しみができたってことで！
気を取り直して夕飯へレッツゴー!!
ホテルから近いとはいえまた来ちゃった…ロイヤルハワイアンセンターのフードコート!!
きれいだしお店もいっぱいあるしいいじゃん
EXP
あ～何食べよ～旅も折り返しだし一食一食大事だからな～
オレはもう決まってるんだよね
えっ 何なに？

CURRY☆CAFE
コレッ
カレー!?
もう昨日ぐらいから
ず〜っとカレーが
食べたくてさ…
確かにほどよく
日本食が恋しくなる
頃だもんね
う〜ん私は何に
しようかなぁ…
ラーメン…
タコス…
焼肉…
ピザ…
EZOGIKU
見事に「ハワイでなくても」な
やつばっかりだけど…
おっ
pho fac
フォーのお店だ…
それもいいなぁ
フォー大好き〜♡
んんん?
オックステール…?
へ〜!! オックステールの
フォーなんてあるんだ〜
PHO フォー
6 Oxtail
オックステール
というのもハワイでは
オックステールのスープが
ローカルフードとして
人気なのです
牛の尻尾を
煮込んだ
スープ
イギリスや中国から
伝わってきたらしい

フォーはベトナム料理だしまた別物だけど…
オックステールフォー ワン!!
少しでもハワイを感じたい旅ゴコロ☆
夫はエビフライカレー♪
わっさ〜
その草のかたまり何!?
すげー
ハーブ…かな?
トッピングして食べるみたい〜
ハーブ 生もやし 青唐辛子レモンをトッピングして
ズズズー
んん

もやしシャキシャキでおいし〜
ハーブもさわやかでイケるし
青唐辛子がいいアクセントになってるわ〜
スープもめちゃ優しい味…
牛のうま味が出まくってる！
牛の尻尾なんて初めて食べたけど全然くさみがなくてやわらかくて…
おはしでさわるだけで肉が骨からとれるよ〜
おいし〜♪
あまりのおいしさに夫にもおすそわけ
な…にこの肉…
う…ま…!!
でしょでしょ〜
夫は夫でエビフライカレーを食べてご満悦
カレー欲満たされた〜♪
オックステールなんて初めて知ったわ〜
いつかちゃんとローカルのお店で食べてみたいね♪

夕飯のあとは人気のディスカウントショップ「ロス・ドレス・フォー・レス」へ
洋服はもちろん雑貨も盛りだくさんなのだ
MEN'S
LADY'S
SHOES
ヌハー♡
靴売り場から動けなさそうだな
私はというと…
あ…
これちょっと…
や…ばい…
HAPPY TIKI mug cup
ど〜ん
ハワイの守り神のティキがそのままカップに…
$6.99
HAWAII
TIKI
MUG
なんて大胆なデザイン
びっくりするほどかわいくないのに…
そこが妙にクセになる〜〜〜
日本帰ったらこれでコーヒー飲んでハワイを思い出そ〜
へへ…♡

マグカップ買っちゃった！
いいなー
靴いいのあったんだけど決められなかった…
明日また来よう～
ってかさ…自分たちの買い物もいいけど…
そろそろお土産も買わないと…!!
ってことで免税店へ
ねーねー両方の実家には甘いものでいいかな…？
ブツ
会社にはいくついるかな…
ブツ
あ～個包装で賞味期限も長くて…
ブツ
リスト
チョコって溶けないのかな…
ブツ
お土産こんなに買うなんて結婚したって感じだな～
ふ～
まだ買い足りないけど…
帰国日までになんとか～
ずしっ
ホテル近くのお店で買い出し
今夜はどのビール飲もうかな
ここもお土産いろいろ売ってるよ
ねー
ねー

ほんとだ！このハチミツのセット私さっき免税店で買ったよ♪
使い切りのハチミツのスティック
$3.99
HONUA HONEY
人気のお土産なのかな？
これ 追加で買っていこうかな3・99ドルだし…
えっ？
私それ5ドルで買ったんだけど!!
いや でも3・99ドルに税金かかるから…
ハワイで買い物にかかる税金は約4％…
3.99×1.04は…
スマホで即計算
!!
ここで買ったら4ドルちょい!!
やっぱり安いっ
わわわ
お土産の値段に一喜一憂するのも
こういうの知りたくなかった…
ナオちゃんには悪いけどコレ買お〜
友達土産にいいわ〜♪
ガサッ
ALOHA
NEW
思い出のひとつとなったハワイ3日目でした…☆

その後の話③

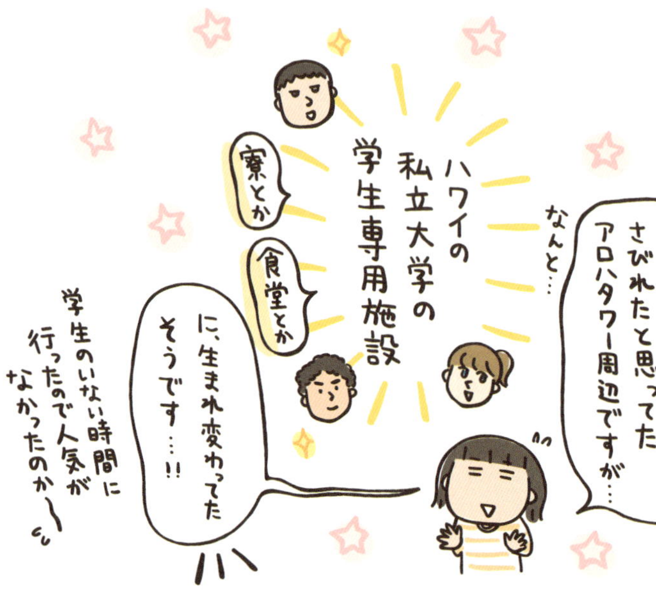
帰国後知ったのですが
さびれたと思ってた
アロハタワー周辺ですが…
なんと…
ハワイの私立大学の学生専用施設
寮とか
食堂とか
に、生まれ変わってたそうです…!!
学生のいない時間に行ったので人気がなかったのか〜

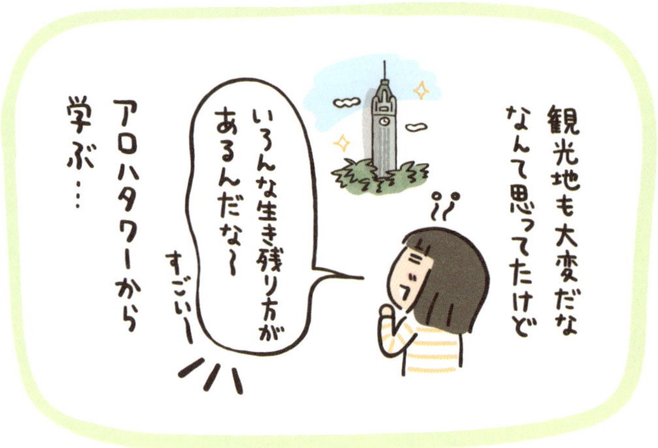
観光地も大変だな
なんて思ってたけど
いろんな生き残り方があるんだな〜
すごい〜
アロハタワーから
学ぶ…

第6章

Chapter 6

ハワイ4日目

シャングリラ邸とハードロックカフェ!

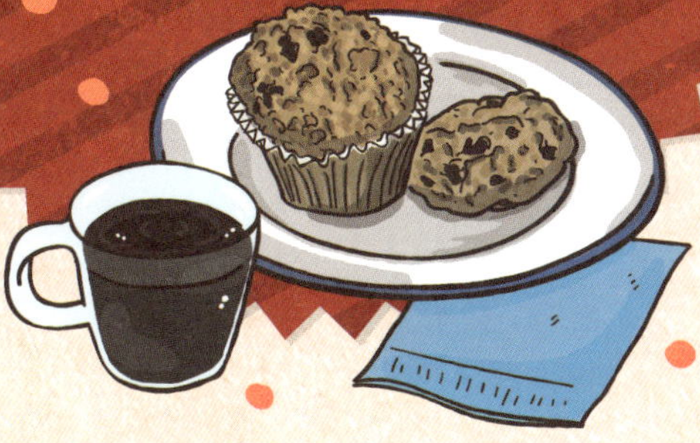

いよいよ観光最終日！
悔いなく楽しむぞ～!!
うんうん!!
ガツ
ピー
ガツ
ピー
あっ
また…!!
夫が先に取っておいたパン
ガツ
ピー
ピー
ガツ
ガツ
こらー
しっしー
わー
わー
わー
ホテルの朝食はオープンテラスなので鳥たちとの戦いが毎日繰り広げられていたのだ
この攻防戦も明日で終わりと思うと…
それはそれでさみしいね～
かと思えば…
じゃーん

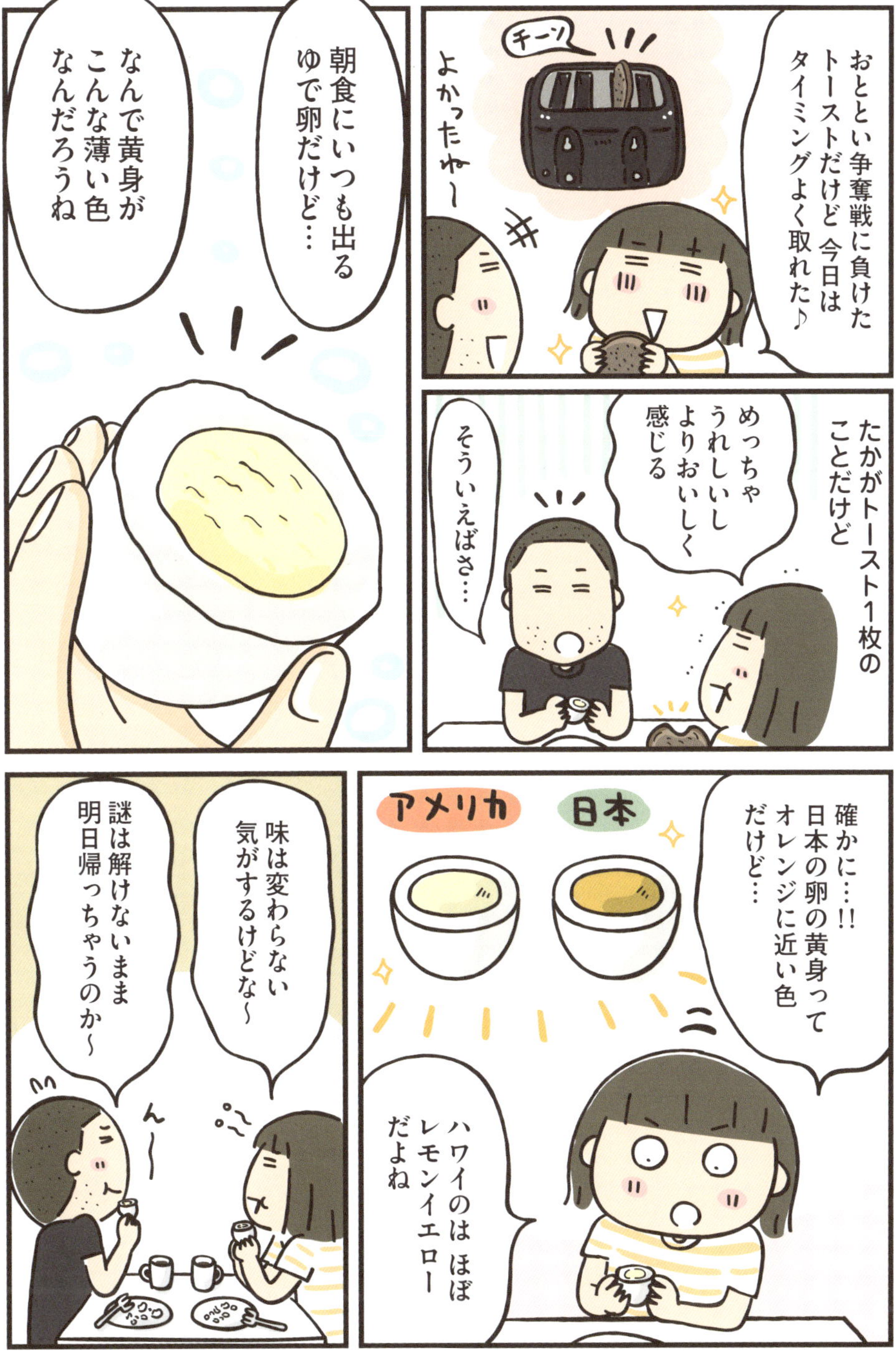
おととい争奪戦に負けたトーストだけど 今日はタイミングよく取れた♪
チーン
よかったね～
たかがトースト1枚のことだけど
めっちゃうれしいしよりおいしく感じる
そういえばさ…
朝食にいつも出るゆで卵だけど…
なんで黄身がこんな薄い色なんだろうね
確かに…!! 日本の卵の黄身ってオレンジに近い色だけど…
アメリカ
日本
ハワイのは ほぼレモンイエローだよね
味は変わらない気がするけどな～
謎は解けないまま明日帰っちゃうのか～
ん～

部屋に戻ったら出かける準備
シャ～
夫はシャワ～
コンコン!!
のぞき穴～
あ…部屋の掃除のスタッフか…
今日はやけに早いんだな
「もう少しあとに来て」って伝えないと…
プ…プリーズ
ワンアワーアフター
1時間後にお願いしますのつもり…
HAHA!
LATER?
えっ レレイター!?
イエース イエース
レイター!
OK～
ガラ ガラ
英語わかんないけど今のニュアンスって…
そういう場合はアフターじゃなくてレイターって言うんだぜ
after
later
って言い直されたような気がする!!

ままぁ 伝わったから いっか…
バタン…
ナオちゃん今 英語でなんか 言ってたでしょ
すげ〜
さぁ出かける準備も できたし行くか!
今日は日本で 予約してきた ツアーに行くん だっけ?
そう!! シャングリラ邸の 日本語ツアーだよ
ニューヨーク生まれの大富豪 ドリス・デューク
Doris Duke (1912〜1993)
彼女が生前 ダイヤモンドヘッドの ふもとに築き上げた豪邸は シャングリラ邸と呼ばれていて ガイドツアーで見学できるのだ
まずはツアーの集合場所 ホノルル美術館へ
このツアー 予約する 時さ…
ん?
ホノルル美術館が 窓口だったんだけど
ホノルル美術館
電話
メール
直接電話か メールしなきゃ いけなくて…

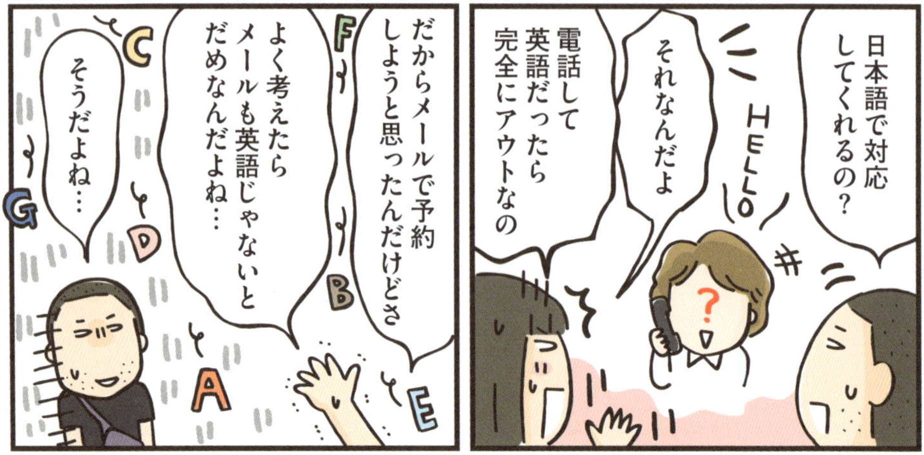

すでにおわかりのように英語がからきしダメな私

たどたどしくもなんとか英語の予約メールを送ったのでした

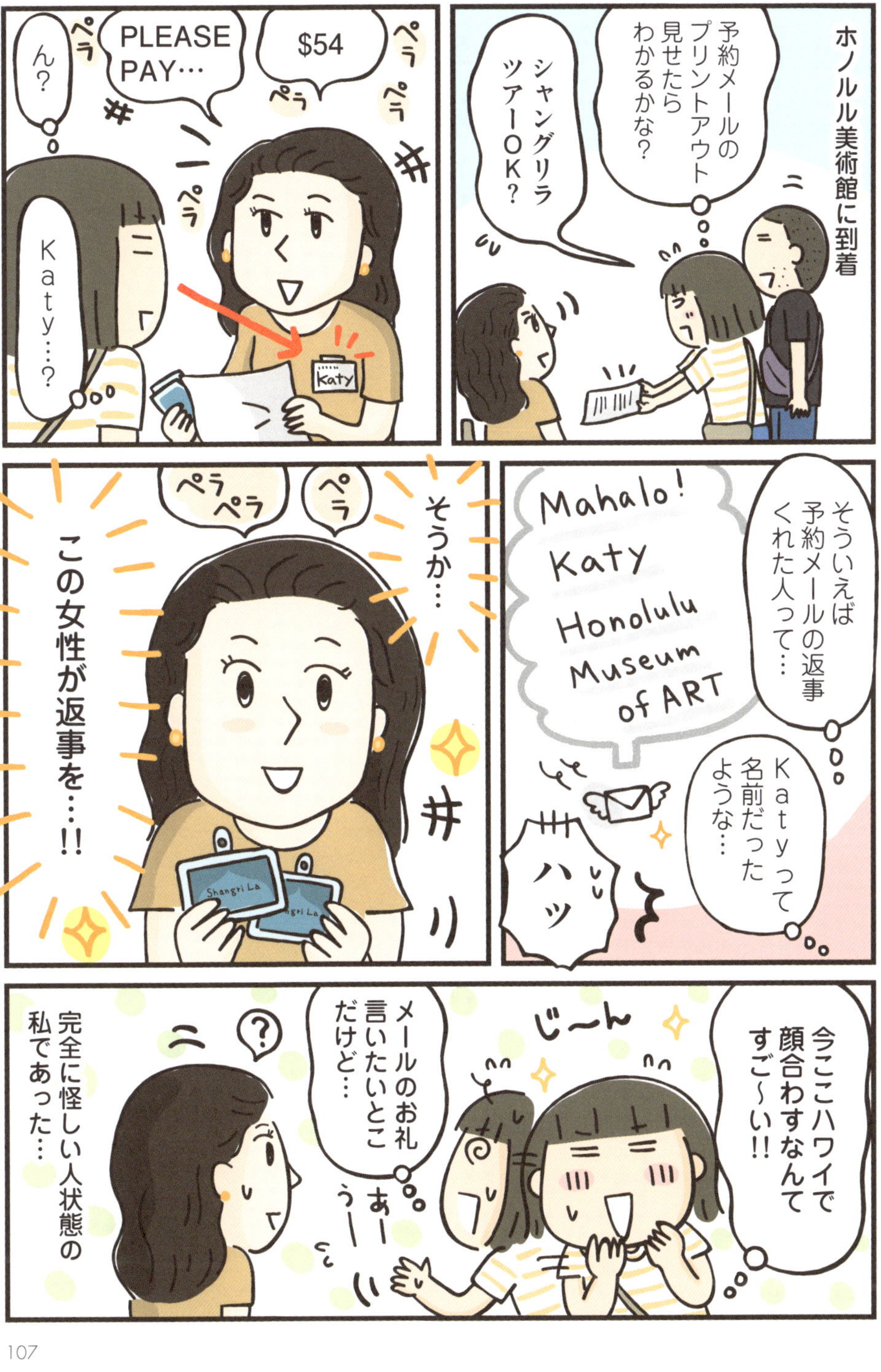
ホノルル美術館に到着
予約メールのプリントアウト見せたらわかるかな?
シャングリラツアーOK?
ペラ
$54
ペラ
PLEASE PAY…
ペラ
ん?
ペラ
Katy…?
Katy
そういえば予約メールの返事くれた人って…
Mahalo! Katy Honolulu Museum of ART
Katyって名前だったような…
ハッ
ペラ ペラ
ペラ
そうか…
この女性が返事を…!!
Shangri La
今ここハワイで顔合わすなんてすご~い!!
じ~ん
メールのお礼言いたいとこだけど…
あー
うー
完全に怪しい人状態の私であった…

さっき何か言いたそうだったけどどうしたの？
今受付してくれた人がメールの返事くれた人だったんだ
へ〜!!
お礼は言えなかったけどなんかうれしいな〜
JAPAN
HAWAII
英語でメール書くのすごく大変だったけどがんばってよかった！
そうだそうだ
私は英語も話せないしビビリだけど
件名：Japanese language tour reguest
本文：Hello, I would like to ……
My information is,
The number of people ……
…… ……
Aichi, JAPAN
…
ちゃんと準備すればこういうちょっとハードルの高いツアーにも参加できるんだね
やっぱり旅前は行きたいとこやりたいこと明確にして手配して来ないとだな！
フガーーッ
ほんとカタマランも予約しとけばよかったよね〜
それ言わないで…

ツアーバスに乗り込み
20分程でシャングリラ邸に
到着です
日本語ガイドツアーの皆様こちらですー
ここがシャングリラ邸！
このシャングリラ邸を築いたドリス・デュークという女性は
実業家だった父の遺産を幼くして相続することになったのでした
ニューヨーク在住だった彼女が世界一周の新婚旅行で訪れた最終地のハワイを大変気に入り
後に移り住み建てたのがここシャングリラ邸なのです
ヒソヒソ
新婚旅行でハワイってオレらと一緒だね
ドリスは世界一周だけどね～

幼くして莫大な遺産を相続し世間からずっと好奇の目で見られていたドリスにとって
おおらかで静かなハワイは居心地がよかったのだそう
シャングリラ邸はドリスが特に愛したイスラムアートの美術工芸品をふんだんに使い
彼女が亡くなるまで幾度となく手を加え 人生をかけて築いた理想郷なんです
タイルひとつとっても素敵だな～
これもドリスが世界中で買い付けた作品なんだろうね
ラナイ（テラス）には見事なタイルのゲートが！
ああ！ これ本でもよく紹介されてるやつ
きれいだなー

写真で見てたあの場所にとうとう来れたんだな…
じーーん☆
しかもそんな見事なゲートの脇には
ウォーターサーバー!?
リアル〜!
こういうのが見られるのも現地ならでは
庭に出るとプレイハウスとプールが見えます
ダイヤモンドヘッド近いんだね
わ〜!!
ダイヤモンドヘッドの展望台からもシャングリラ邸はよく見えるんですよ
そうなのか
全然気付かずワイキキ方面ばかり見てたわ…

2014年から公開が始まったというベッドルームも見学
ほ〜
はー
ドリスが愛用してた宝石も展示されてる
わわ〜
わー
プライベート空間だからかな…すっごくいい気が流れてるの感じる…!!
ここにいるとちょっとした風邪くらい治りそう〜
ドリスは裕福だからこそ
「社会にできることは何だろう」と考えた女性でした
彼女が亡くなったあとも財団によって彼女の思いは教育など様々な形で継承されています
すごいな…
へ〜
もし私がドリスなら…
うひょー
お金持ちイエーイ☆
一生欲にまみれて暮らして…
社会のこととか1ミリも考えない自信ある!!

ドリスがそういう人
だからこれだけの
豪邸築いても
いやらしさとか
感じさせないのかも
神様はちゃんと
人を見て財力を
与えたのかもね…
はー
最後は長く延びる水路が
印象的な庭園を見学
パシャ
パシャ
ドリスが亡くなってまだ
20年ぐらいだっけ…
だからかなぁ
まだあちこちに
彼女の気配がある
感じがしてすごい…
世界中の
職人さんの魂も
ビシビシ
感じるわ〜!!
玄関にいる
なんだか気になる
ラクダの石像
過去と現在が
つながっているような
不思議空間の
シャングリラ邸でした

ツアーのあとは美術館に戻り館内のカフェで休憩
あ〜♪いいもん見たらお腹すいた〜
マフィンおいし〜〜♪
余韻にひたっちゃうねー
その後ミュージアムショップへ
シャングリラ邸関連の本も売ってる!!
わ〜♪
SCAPES ART
おホノルル美術館オリジナルのマグカップなんてあるのか!
なかなかステキ…☆
Honolulu Museum of Art
$19.55
シンプルで使いやすそうだな…
ハッ
だめだめ!! 昨日ティキのマグカップ買ったじゃん!!
マグカップばっかり買ってどうすんの!
でもここはハワイ…
日本に帰ったらもう出会うことはない…!

マグカップ買っちゃった♪
また?
家にある使ってないマグカップを整理しないとね
うっ
グサッ
基本優しいけど要所要所で厳しい夫…
レッドラインのトロリーに乗って
2階建てのトロリーなんてあるんだね
見晴らしいい～♪
WAIKIKI TROLLEY
ぼちぼちワイキキへ
レッドラインは歴史的建造物が建ち並ぶダウンタウンを走ります
すごいお屋敷だね!
ワシントンプレイスっていう有名な建物なんだよ～

ハワイ王国の最後の女王
リリウオカラニが
余生をすごした
お屋敷なんだって
Lili'uokalani
(1838~1917)
王国? 女王?
そんな時代あったの?
およそ100年続いたハワイ王国
だったけどクーデターにより滅亡し
KINGDOM OF HAWAII
1795~1893年
女王だったリリウオカラニも
王位を剥奪されたのだ
そして後々ハワイはアメリカの50番目の州に…
王国の長だった人が
亡くなるまであの場所で
失意の日々をすごして
いたなんてね
悲しい歴史が
あるんだなぁ…
そうそう
アロハオエって曲
あるじゃない?
超有名な…
あれ作ったのが
リリウオカラニ
なんだよー
へーー!!
まじで!?
音楽の才能も
あったんだね!
観光だけじゃなく
ハワイのたどってきた
歴史や人を知るのも
おもしろい

車窓の旅はまだまだ続く
見て見て カメハメハ大王像
おー!!
めっちゃ有名なやつだ!!
まさにハワイ王国つくった人
ここらへん学校もあるんだね
体育の授業…いや部活かな?
みんな元気だな〜
はぁぁぁ…
もう明日帰国なんだよなぁ〜
ビュ〜〜ッ
トロリーでこうやって街見て楽しむのも最後だね…
ラストトロリーに思わずしんみり…
ホテルに戻ったらスーツケースの整理
主に夫が
夫のスーツケースの方が余裕あるため買った物全部そっちに入れて帰ることに…
ありがと〜!
私は夕飯のお店探し
最後の夜はフードコートじゃなくてレストランで…
なおかつ肉っぽいものがいい…
フリーペーパー
aloha street

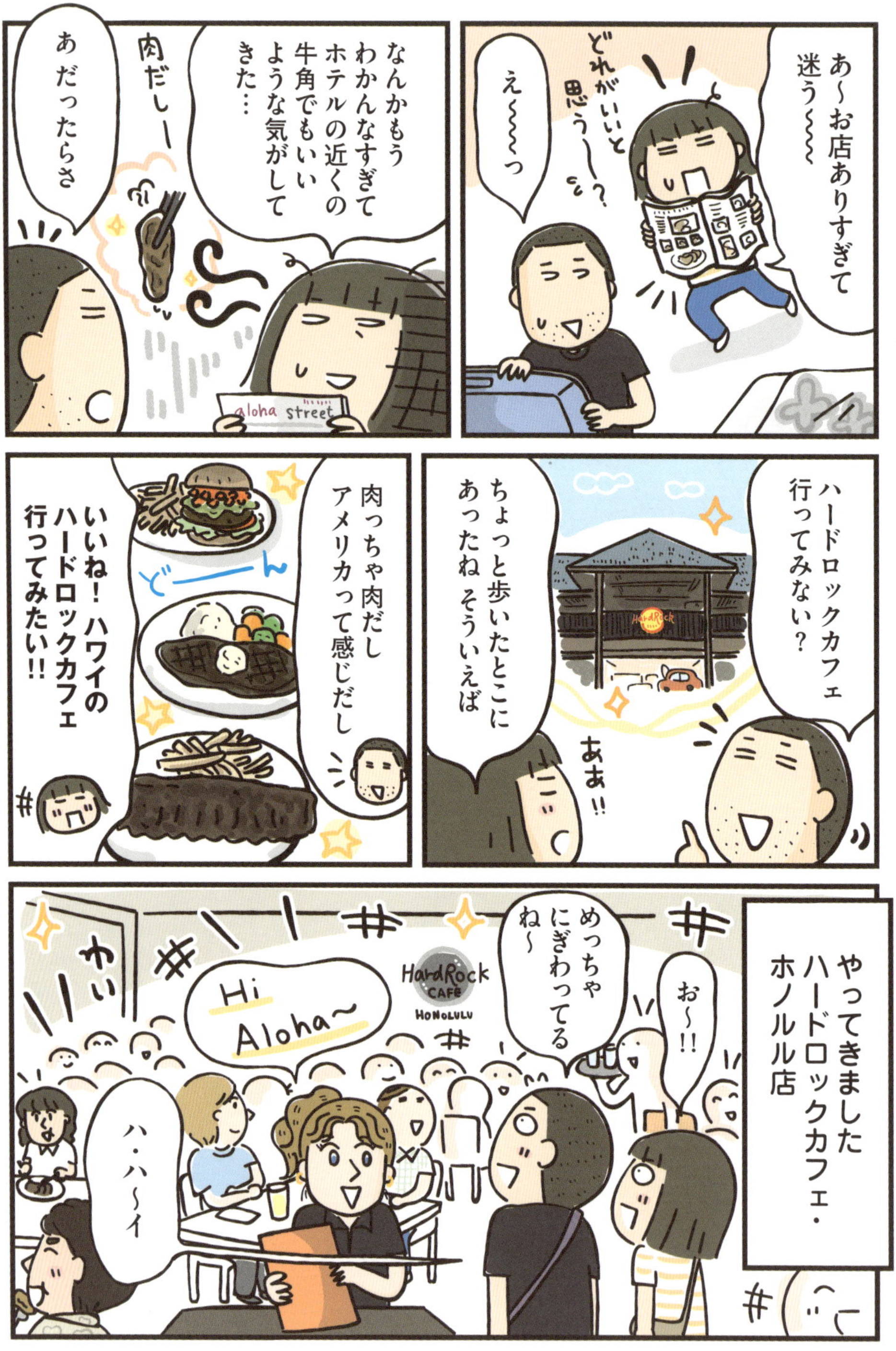

あ～お店ありすぎて迷う～～～
どれがいいと思う～～？
え～～～っ
なんかもうわかんなすぎてホテルの近くの牛角でもいいような気がしてきた…
肉だし～
aloha street
あだったらさ
ハードロックカフェ行ってみない？
ちょっと歩いたとこにあったね そういえば
ああ!!
肉っちゃ肉だしアメリカって感じだし
ど――ん
いいね！ハワイのハードロックカフェ行ってみたい!!
やってきましたハードロックカフェ・ホノルル店
めっちゃにぎわってるね～
お～!!
HardRock CAFE HONOLULU
Hi Aloha～
ハ・ハ～イ

トゥ〜〜〜
2人ですのつもり
OK! Follow me!
陽気なウェイトレスさん♪
アメリカ映画に出てきそうだね
HERE!
わー♪
夜景きれ〜
知らない銘柄のビールばかりだけど…
ん〜
コナファイアロック ワン!
オレはサミエルアダムスボストンラガー ワン!
OK!!
料理どうしようね量とかやっぱすごいかな〜
JUMBO
じゃハンバーガーとサラダ1品ずつ頼んでシェアする?
いいね!!

オリジナル
レジェンダリー
バーガー ワン！
シーザーサラダ
ワン！
Share?
YES!!
じゃーーん
びっくりするほど
ビールの泡ないな
すげーな
アメリカ!!
一瞬ウーロン茶
来たかと思ったわ〜
まぁこれはこれで
外国って感じで…
Waaaa
!?
バーカウンター
すっごい盛り上がってる
あ〜野球中継
流してるのか
わー
わー
スポーツバー
みたいな
感じかな？
やっぱり外国の人は
応援も激しいな〜
帰国してから
知ったのですが…
わー

この時 中継していたのは メジャーリーグの 優勝決定戦で
いわゆる ワールドシリーズ
「シカゴ・カブス」というチームが108年ぶりに優勝した記念すべき試合だったのです
そりゃ盛り上がるわ
そんなこととはつゆ知らず
わー
わー
のんきに泡のないビールを飲む私たちであった…
おおお〜〜っ
ハンバーガーもポテトもきれいに半分こされてる
外国でシェアを頼むとこうやって出ると聞いたことはあるけど…
初めて見た〜
日本みたいに小皿で分けるのはマナー違反なんだって
No!
国によってマナーもいろいろなんだね

断面すごっ
ビーフパテ
ベーコン
チーズ
オニオンフライ
レタス
トマト
この組み合わせおいしくないわけがナイ
ん〜〜〜!!
肉汁あふれる〜
うめ〜
パテのうまみがじゅわ〜っと広がる〜〜〜
つけあわせのポテトもすっごくおいしいよ〜
スパイシーなマヨソースみたいのにすっごく合う!
シーザーサラダのチキンもジューシーでおいしい〜
野菜もシャキシャキだね
ん?
ペラペラ
WEDDING〜
ペラペラ
パチ
パチ

ウェディングって言ってたよね
Congratulations〜
結婚のお祝いかな？
パチ
パチ
CHU♡
KISS
KISS
KISS
お〜〜〜
パチ
パチ
お店のにぎやかさや見知らぬお客さんの幸せオーラで
なんとも思い出に残る夕食となりました…☆
帰りはABCストアやロス・ドレス・フォー・レスに寄り
駆け込みショッピング
オレこれ買うわ
靴はやめたらしい
いいんじゃなーい
ABC
ABC
ロスにて…
あ〜名残おしいね…
ラストナイト…
ちょっと遠回りしてホテル戻ろうか

ディスプレイがもうクリスマスになってるよ
ハワイに来た時はハロウィン一色だったのにね～
日本に帰ったら一気に年末に向かって忙しいんだろうな…
わー
わー
コクリ…
ああ～日常が仕事が待ってる～
ズーン
そういえばオレ帰って次の日夜勤だったわ
うわ～現実～!!
ホテルに戻るとすでにパッキングを終えてた夫はバタンキュー
すや～
いいなー
持ってきた物 持ち帰るだけなのにすごい量
ぐちゃ～～
洗面道具もしまわないとだし…
ん？

あ…薬セット
どさっ
何かあったらいけないからってしっかりめに持ってきたんだった
BUFFERIN
バファリン
葛根湯液
BAND-AID
幸い一回も使うことなかったな…
そういえば海外旅行保険も使わなかったし…
明日帰るのはさみしいけど…
2人ともケガも病気もなく旅ができて
ほんと〜によかった…
冷蔵庫に残ってたビールもしっかり消費して
ハッチー寝ちゃってるけど
ぐぉ
無事旅できたことにカンパ〜イ☆
いよいよ明日は帰国日です

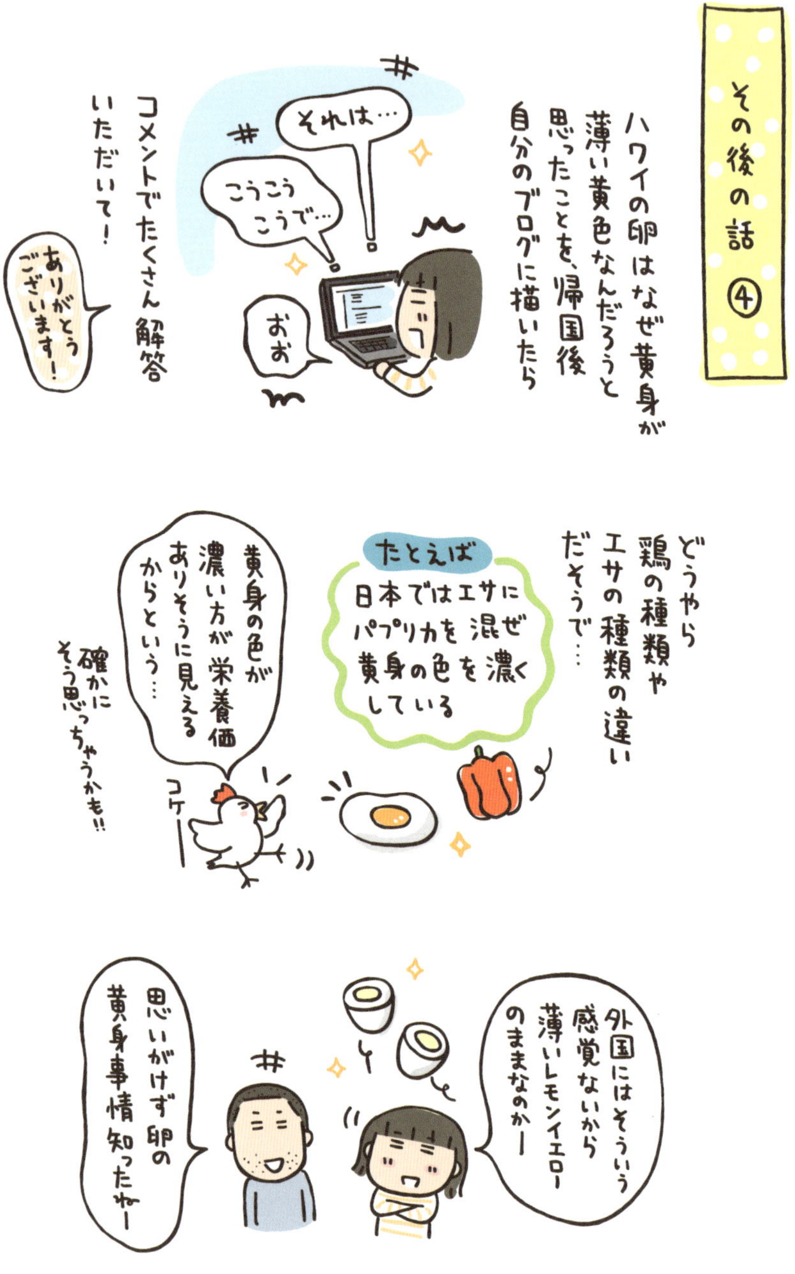

その後の話④
ハワイの卵はなぜ黄身が
薄い黄色なんだろうと
思ったことを、帰国後
自分のブログに描いたら
それは…
こうこうこうで…
おお
コメントでたくさん解答
いただいて！
ありがとうございます！
どうやら
鶏の種類や
エサの種類の違い
だそうで…
たとえば
日本ではエサにパプリカを混ぜ黄身の色を濃くしている
黄身の色が濃い方が栄養価ありそうに見えるからという…
コケー
確かにそう思っちゃうかも!!
外国にはそういう感覚ないから薄いレモンイエローのままなのかー
思いがけず卵の黄身事情知ったねー

第7章

—Chapter 7—

帰国日

気分はもう次のハワイへ——

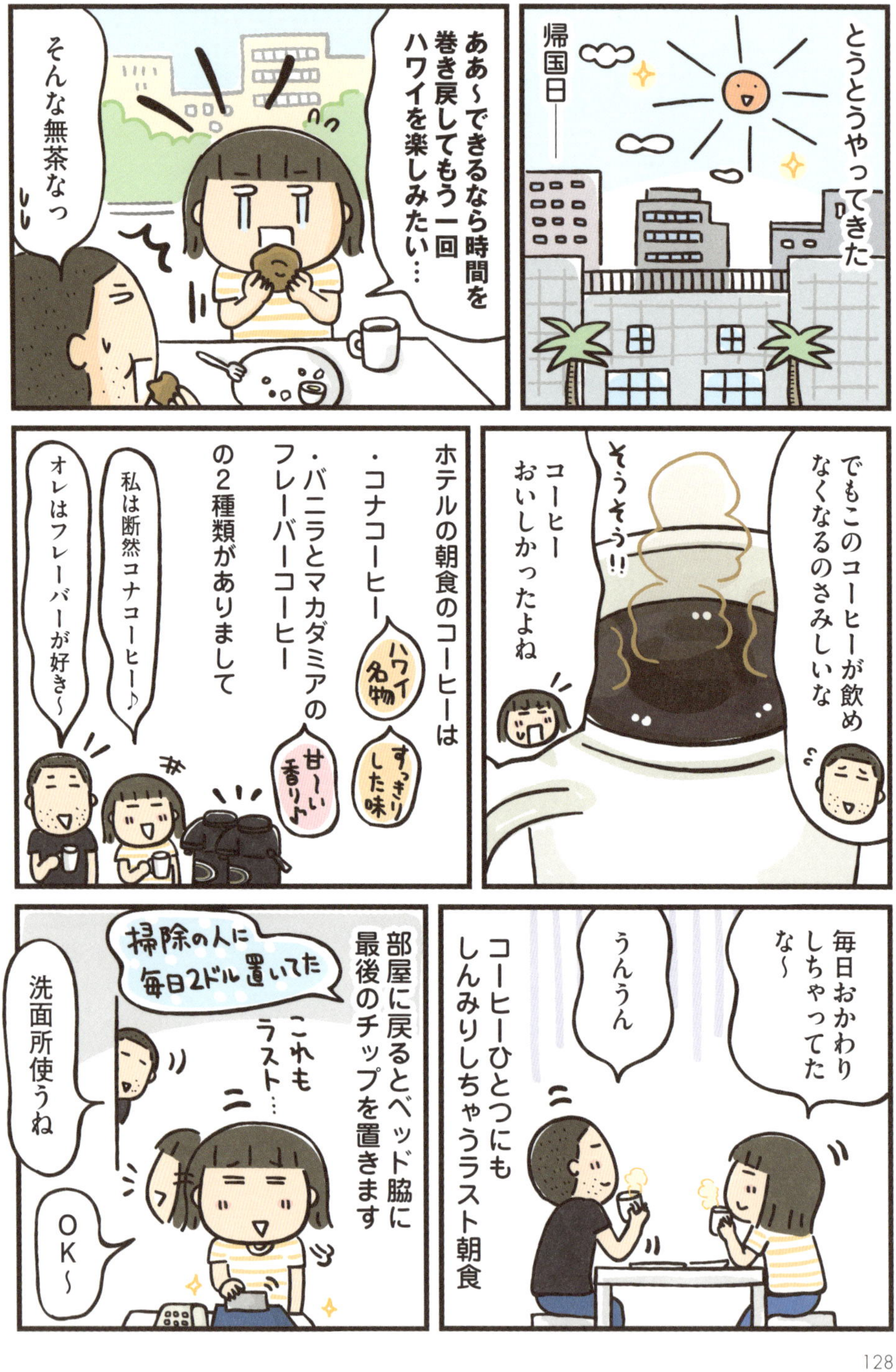

とうとうやってきた
帰国日——
ああ～できるなら時間を巻き戻してもう一回ハワイを楽しみたい…
そんな無茶なっ
でもこのコーヒーが飲めなくなるのさみしいな
そうそう!!
コーヒーおいしかったよね
ホテルの朝食のコーヒーは
・コナコーヒー
ハワイ名物
すっきりした味
・バニラとマカダミアのフレーバーコーヒー
甘～い香り♪
の2種類がありまして
私は断然コナコーヒー♪
オレはフレーバーが好き～
毎日おかわりしちゃってたな～
うんうん
コーヒーひとつにもしんみりしちゃうラスト朝食
部屋に戻るとベッド脇に最後のチップを置きます
掃除の人に毎日2ドル置いてた
これもラスト…
洗面所使うね
OK～

ふう
もう日本に帰っちゃうんだな〜
ハワイ11回目の私と初ハワイの夫でどんな旅になるかドキドキだったけど
トロリーの運転手さんにチップ渡さないと!!
オレハワイ住めるな
意外とすぐ外国になじんでたような…
何よりすっごくハワイ楽しんでたもんな〜
海外旅行楽しー!!
そういえば
うんうん
レンタルバイク屋さんの前通った時…
RENT ME
ああいうのってオレの免許でも乗れるのかな?
大丈夫じゃない?
今度のハワイでは乗ってみたいなー
ブロロー
へー
次のハワイに向けて気になることもあるみたいだし…
私の趣味に付き合わせてないかも心配だったけど…
よかった…☆

…って
しーん
ハッチーさっきから全然出てこないけど
何やってんのー!?
んっ
よいしょ
ね〜
大丈…
ガチャ
このバスタブの排水溝がさ〜流れ悪いのがずーっと気になってて…
きれい好き
ん?
んっ?
えいっ
どさーっ
めっちゃゴミつまってた!
とれたとれた〜
もう帰るのに…
なぜ…?
とことんマイペースな夫であった…

チェックアウトまで少し時間があったので買い物してたら
やばっ
時間ギリギリ〜
忘れ物ないよね
貴重品入れてた
あたふた
金庫もOK
よしっチェックアウトしよ
チェックアウトをすませたら
OK〜
あとはツアー会社手配の車をロビーで待つのみ!
いいホテルだったね
部屋の金庫も無料だったし♪
昔泊まったホテルは有料でさ〜
……
やばっ…コーヒー飲みすぎたかも…
トイレ行きたい…
もじ
えっ
もじ
もじ
ホテル1階のトイレを借りることに
KEY
セキュリティのためカードキーが必要なトイレらしい
なぜ部屋ですませておかない…

数分後…
ただ…いま…
トイレ行ったんじゃないの!?
もじ
もじ
外国人のグループが着替えてたみたいで…
HAHAHA
全然空かなくてさ…
オ…オレに英語力があれば…
…
帰りも無駄に豪華な専用リムジンで空港へ
ほんとなら帰るのが名残おしい空港への道のりだけど…
大丈夫〜?
あと15分ぐらいで着くよ〜
はう〜
もうそれどころじゃない
きゅ〜〜
間に合わなかったらあの花瓶にするわ…
なんてや…
この状況だとジョークに聞こえないね…

そして…
空港着いてトイレに直行した
Toilet…
すっきり〜〜
よ…よかったね…
最後までヒヤヒヤしたトイレなのでした
出国手続きをすませたら飛行機の時間までウロウロ
PHOTO BOOTH
見て見てプリクラあるよ
やってみよっか
パシャッ
できたできた
ポストカードになってる
あはは！バカっぽくていいねコレ〜
SURF'S UP!
余談ですが私達は結婚式とかしてないので「結婚写真だけは撮ろう」と話してまして…
あはは
ほんとコレ2人ともいい顔してるな
結婚写真これでいーんじゃない？

だめだよ そんなの…
ちゃんとしなきゃ…
ハァ…
じょ冗談だよ冗談!
真面目か…!!
そんなこんなで飛び立つ飛行機
ゴォーーッ
どんどんハワイが遠くなる〜
あっけないな〜
はぁぁ…
Hi
あハイ
CAさんが配ってたコレ…書いて空港で出すのかな?
携帯品・別送品申告書
そうだね関税の書類だね
ちょうだい〜
1世帯1枚出すやつだから書かないと…
ペンは〜
あったあった!!
書く?
コクコク

旅行中の書類とか私が全部書いてたけど…
ハッチー初海外だし…
でももう帰りだし
あれだけハワイになじんでたし
これからは書類どんどんおまかせしちゃお～♪
旅を通して役割分担も変化していくのであった
ドリンクサービスが来たとこで
ハワイの思い出にカンパーイ☆
ハワイで毎日飲んでた外国のビールもおいしかったけど…
スーパードライうまっ
プハー
やっぱ日本のビールは格別だな!!
そういえばハッチー初海外で初ハワイどうだった?
ハワイいいねー
ナオちゃんが何回も行くのわかったよ～
帰り道でなんだけど…
オレも今すぐハワイ行きたいもん
でしょでしょ～

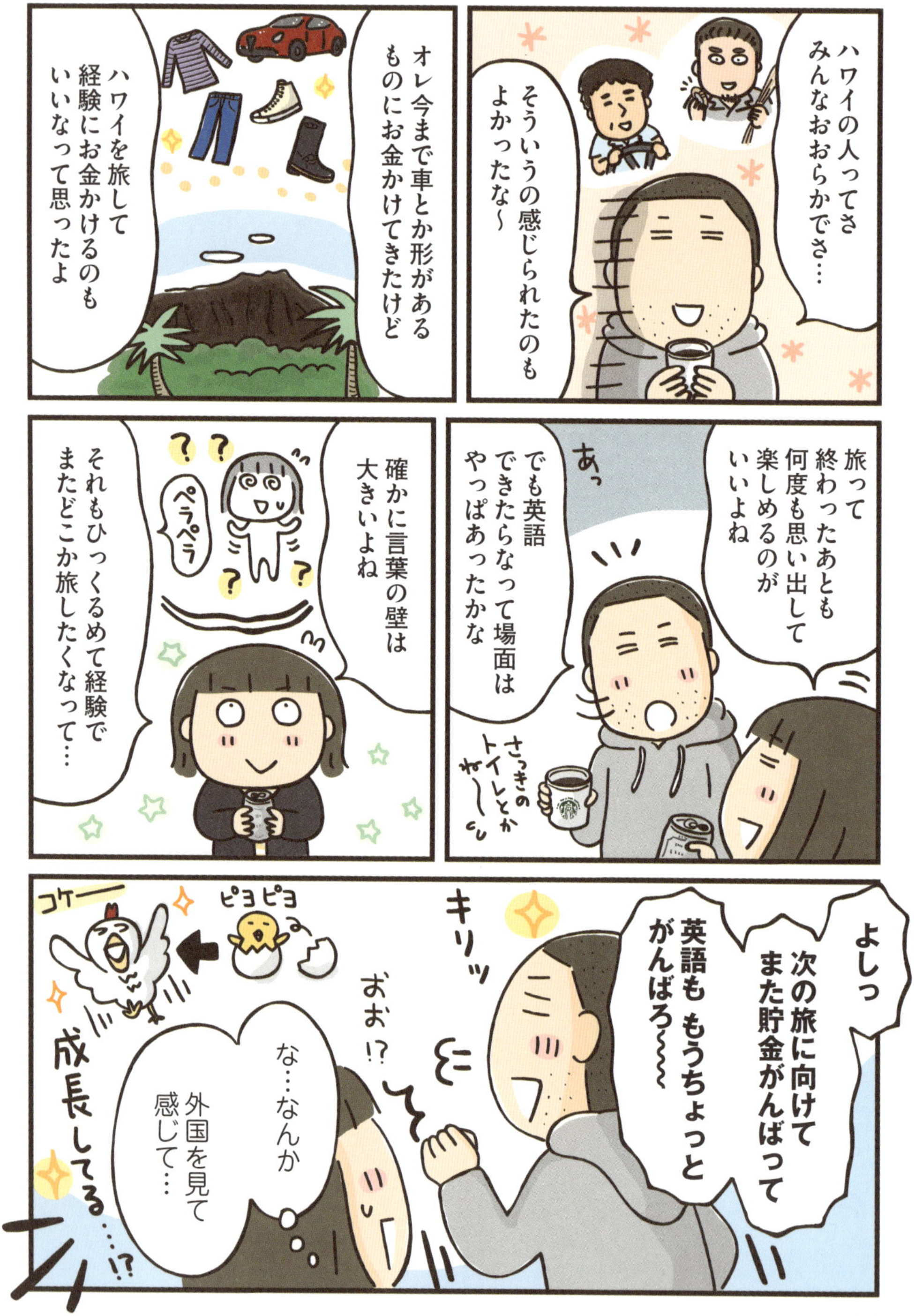
ハワイの人ってさ
みんなおおらかでさ…
そういうの感じられたのも
よかったな～
オレ今まで車とか形がある
ものにお金かけてきたけど
ハワイを旅して
経験にお金かけるのも
いいなって思ったよ
旅って
終わったあとも
何度も思い出して
楽しめるのが
いいよね
あっ
でも英語
できたらなって場面は
やっぱあったかな
さっきのトイレとかな～
確かに言葉の壁は
大きいよね
ペラペラ
それもひっくるめて経験で
またどこか旅したくなって…
よしっ
次の旅に向けて
また貯金がんばって
英語ももうちょっと
がんばろ～～～
キリッ
おお!?
ピヨピヨ
コケー
な…なんか
外国を見て
感じて…
成長してる…!?

ついこないだまでパスポートなかったのが嘘みたいだな
ふふ♪
実は昔からインドが気になっててさ～いつか行けるかな～
そんなこんなで飛行機は日本に到着
風冷た!!
ひゅ
肌寒い～
荷物の整理もそこそこに
割れ物のマグカップを持ち帰るのドキドキしたけど…
無事だった～
Honolulu Museum of Art
夜勤～
行ってらっしゃ～い
…
翌日には夫も仕事に行き
あっという間に終わった
ハワイ4泊6日なのでした…☆
SURF'S UP!
Plumeria
ISLAND GIRL
Island Pass HAWAII
TOURS

その後の話⑤
旅から帰って2ヶ月後びっくりしたニュースが
ハワイ訪問中の安倍首相は真珠湾を訪れ…
NEWS
真珠湾ってパールハーバーか
トロリーで通ったとこ!!
現職の首相が真珠湾を訪問するのは初めて…
ほ〜…そうなのか…
ちなみに安倍さんの訪問と同時期にたまたまハワイ行ってた知人によると
そのせいなんすかね〜
渋滞がハンパなかったっす
お土産もらった♪
CHOCO
へ〜
だったそうです

エピローグ

ハワイから帰ってきて
早くも数日たちまして
はぁぁぁ…
ナオコ43歳
ごはんを作りたくないです…
旅行中 家事をしない 日々を送ってたら
ってか ごはんって
どうやって 作るんだっけ?
はて?
家事経験値が すっかりリセットされて しまいました
バカンス おそるべし!!
ハワイ楽しかったなぁ
ごはん 作らなくて いいし
びゅ〜
寒くないし
そうそうホノルル美術館で 買ってきたマグカップ
熱湯を 注ぐと絵が 浮き出る仕様 だったという…
全然気付かず買ってた!!

仕事もしなくちゃだけど…
シャングリラ邸の本見よ〜♪
あ
ABCストアで買ったハンドクリームぬって…
めっちゃいい香りするやつ
ガタッ
何かにつけて逃避しっぱなし
あ〜ハワイは今何時かな〜
スマホでハワイ時間チェック
取り込み中悪いけど
ハワイの番組始まるよ〜
今日はワイキキ特集〜♪
おお〜♪
ワイキキだって!
あそこってメイン通りだよね!!
そうそう〜
あれ…?
今までハワイの番組見てても
あのお店行ったことある〜
へ〜
私だけワーワー言ってたけど…

2人で前のめりになる日が来るとはな～
これが人気ナンバーワンのプレートランチで
わ～ ここ行きてぇ～
旅して思い出共有して
ハワイっていう共通の趣味ができたって感じ♪
なんかうれしい…
夫は本当にハワイが気に入ったようで
ペラ
エッグスンのさ～ ぐでたまのロコモコおいしかったな～
あのソースが…
ペラ
射撃も楽しかったし
ペラ
次はもっと真ん中狙って…
ペラ
思い出ノンストップ!!
車・車・車な趣味人生を送ってきたアラフォー男をもとりこにするとは
あ～
ハワイ良かったな～
やっぱりハワイはすごいとこだな
うんうん

リピーターでもはじめてでも
なんだか楽しい…
楽しい
楽しい
楽しい
たのしー
HAPPY
それがハワイ
最高かよ！
海外旅行の行き先は無限にあるけど
なぜかまた行きたくなっちゃうのがハワイの魅力なのかな
というわけで…
気持ちだけは次の旅へ動き出した私たち
カタマランの予約サイトブックマークしとこ～
今度はレンタルバイク乗ってみたいな～♪
次こそは必ず～
お金貯めてまたハワイに行くぞ～!!
お～ょ
おわり

その後の話⑥
久々にハワイのおおらかなムードにひたったからか
・・・
FREEDOM
ずっとやってたダイエットやアンチエイジングが
ストレッチ
マッサージ
カロリー計算アプリでせっせと記録
なんかいいやそういうの
やーめた
という気分になった
帰国後…
パァァァーー
もうありのままで行くわ!!
とか言いつつ海だと水着にならないんでしょー

コミックエッセイの森

Naoko Fukazawa
フカザワナオコ

ハワイ最高レッツゴー!

Hawaii is Wonderful, Let's go!

2017年7月28日第1刷
2017年8月9日第2刷

著者
フカザワナオコ

装丁
小沼宏之

発行人
堅田浩二

発行所
株式会社イースト・プレス
東京都千代田区神田神保町2-4-7 久月神田ビル 〒101-0051
tel:03-5213-4700 fax:03-5213-4701
http://www.eastpress.co.jp

印刷
中央精版印刷株式会社

ISBN978-4-7816-1557-8 C0979